캐럴 클라인Carol Kline

전 세계 43개 언어로 출간, 5억 독자가 읽은 베스트셀러《영혼을 위한 닭고기 수프》시리즈를 잭 캔필드, 마크 빅터 한센과 함께 썼다. 이 외에도 출간 즉시 아마존 1위, 〈뉴욕타임스〉 베스트셀러에 오른 《이유 없이 행복하라》의 공저자이기도 하다.

약 25년간 작가이자 프리랜서 에디터로 활동하며 세계 최고의 자기 계발 전문가들과 총 14권이 넘는 책을 공동 집필했고, 발표하는 책마다 베스트셀러에 진입, 큰 화제성을 불러일으켜 언론의 주목을 받았다.

KB131768

운을 부르는 습관

CONSCIOUS LUCK

by Gay Hendricks and Carol Kline

운을 부르는 습관

게이 헨드릭스·캐럴 클라인 지음 | 김은경 옮김

돈과 행운, 사람을 끌어당기는 8가지 비밀

Conscious
Luck

Gay Hendricks
Carol Kline

중앙books

나를 세상에서 가장 운이 좋은 남자로 만들어준
아내 케이티에게 이 책을 바칩니다.
&
내 인생에 찾아온 가장 큰 행운,
남편 래리에게 이 책을 바칩니다.

축하한다! 이제 당신은 남은 인생에서 더 많은 행운을 손에 넣을 수 있게 되었다. 운이 좋은 사람이 되고 싶다면 반드시 읽어야 할 책! 이 책에 소개된 8가지 습관이 지금 서 있는 곳에서 자신이 원하는 곳으로 가는 여정을 가속화하게 도와줄 것이다.

_잭 캔필드, 《영혼을 위한 닭고기 수프》 공저자

더 이상 행운을 기다리지 마라. 직접 만들어라. 누구나 원하는 삶을 손쉽게 누릴 수 있는 획기적이고 특별한 지혜를 선사하는 책이다. 자신이 꿈꾸는 인생을 창조하고 싶은 사람이라면 꼭 읽어보길 바란다.

_티나 실리그, 《스무 살에 알았더라면 좋았을 것들》 저자

이 책은 우리가 운에 대해 알고 있던 기존의 상식을… 완전히 뒤엎는다! 인생에서 더 많은 행운을 창조하기 위한 매력적이고 아주 현실적인 안내서임이 틀림없다. 두 저자가 밝힌 8가지 비밀을 만난 오늘이 바로 나에게는 행운의 날이다.

_ 마시 시모프,《이유 없이 행복하라》저자

운에 대한 책은 널리고 널렸지만, 이 책에 나오는 8가지 습관은 굉장히 독특하고, 매력적이며, 설득력이 있는 것들이다. 강력 추천한다.

_ 존 그레이,《화성에서 온 남자 금성에서 온 여자》저자

누구나 실천하기 쉬운 이 작은 습관들을 삶에 활용하기를 바란다. 그러면 당신도 인생이 바뀌는 행운의 주인공이 될 수 있을 것이다.

_ 마크 빅터 한센,《영혼을 위한 닭고기 수프》공저자

언제나 나를 설레게 하는 두 멋진 저자가 만나 놀라운 책이 탄생했다! 이 책은 행운에 대한 새로운 패러다임을 제시한다. 기대하시라. 행운의 인생이 당신을 기다리고 있다!

_ 아리엘 포드,《소울메이트 시크릿》저자

게이 헨드릭스와 캐럴 클라인은 우리 모두에게 필요한 행운의 멘토들이다. 그들은 행운을 끌어당길 수 있는 원리를 실제 자신들이 만났던 사람들의 영감을 주는 이야기로 설명한다. 그래서 더욱 현실적이다. 이 책을 통해 행운이라는 선물을 자신에게 선사해보라.

_ 캐서린 우드워드 토머스, 〈뉴욕타임스〉선정 베스트셀러 작가

행운을 바라보는 기존의 통념을 깨뜨리고 성공에 대한 판도를 바꿔 놓을 책! 경영자인 나는 성공하기 위해서는 명확한 목표의식과 끈기의 힘을 누구보다 굳게 믿어온 사람이었다. 그러나 그게 전부가 아니었다. 스스로 행운을 만들어내는 능력이 더해진다면 원하는 것을 더 빠르게 이루고, 성장하고, 행복해질 수 있다는 걸 두 저자를 통해 깨달았다.

_ 제프 올슨, 니오라Neora 설립자이자 CEO

행운은 어느 날 갑자기 찾아오는 우연이 아니다! 나 스스로 중심이 잡힌 신념과 일상의 습관이 만들어내는 것이다. 이 책에는 인생에서 행운을 의도적으로 만들어내기 위한 실용적인 팁들이 소개된다.

_ 존 도일라드 박사, 스포츠 의학 분야의 세계적인 권위자

《운을 부르는 습관》은 당신이 행복한 결말을 쓰기 위한 가장 확실한 수단이 되어줄 것이다.

_ 데비 마콤버, 〈뉴욕타임스〉 선정 베스트셀러 작가

단순히 행운만을 이야기하는 책이 아니다. 게이 헨드릭스와 캐럴 클라인은 우리 스스로가 어떻게 하나뿐인 인생을 성공적으로 풍요롭게 이끌어나갈 수 있는지 가르쳐준다. 이 책을 읽고 나면, 당신도 나처럼 살아가는 데 꼭 필요하지만 잊고 살던 소중한 가치들이 다시 보이게 될 것이다.

_ 페기 오닐, 동기부여 전략가

사실 처음에는 이 책을 읽고 '과연 진짜 그럴까?' 하는 의구심과 싸
웠다. 하지만 놀랍게도 책 내용을 실천한 지 며칠 안 되어 좋은 주차
자리를 계속 차지하는 행운을 얻으면서 그들을 믿게 되었다! 이제
이 습관을 내 삶의 스타일로 받아들여 삶이 변화되는 것을 지켜볼
생각이다.

_ 로라 버먼 포트강, 〈뉴욕타임스〉 선정 베스트셀러 작가

이 책이 당신의 인생에 강력한 터닝 포인트가 되어줄 것이라고 확
신한다.

_ 닐 도날드 월쉬, 《신과 나눈 이야기》 저자

차례

1부 운이 좋다고 믿어야 운이 좋아진다

타고난 운을 바꾸는 4가지 비밀

2부   습관만 바꿔도 운이 좋아진다

매일 운이 좋아지는 4가지 비밀

당신은 틀림없이
운이 좋은 사람이다

　당신의 인생은 바뀔 것이다. 마치 태어나 처음 말하는 법을 배웠을 때처럼 한 번도 경험해보지 못한 커다란 의식의 변화가 일어날 것이다. 그리고 이 변화는 지금껏 당신이 상상하지 못했던 성취들을 가능하게 해줄 것이다.

　내가 이렇게 확신하는 이유는, 이미 당신에게 성공할 수 있는 가능성이 충분히 잠재되어 있기 때문이다. 단지 그동안 원하는 성공을 거머쥐기 위해 필요한 한 가지가 빠져 있었을 뿐이다. 이것은 비단 당신만의 문제가 아니다. 나를 포함하여 내가 만났던 수많은 사람들(그들은 대부분이 똑똑하고 성실했다)이 지금보다 훨씬 더 부유하고 만족스러운 삶에 이르는 길을 놓치고 있었다. 이유는 단순하다. 몰랐기 때문이다.

미국 심리학의 아버지로 불리는 윌리엄 제임스William James는 이런 말을 했다. "우리 세대의 가장 위대한 발견은, 인간이 마음가짐을 바꾸면 자신의 삶도 충분히 바꿀 수 있다는 것이다."

인생에서 성공을 거두기 위해, 마음가짐을 바꾸고 노력하는 일이 얼마나 중요한지 모르는 사람은 거의 없다. 하지만 마음가짐과 끈기가 모든 성공을 보장해주지는 않다. 가장 중요한 비밀이 하나 더 있다.

바로 '운'이다. 많은 사람들이 성공을 거두는 데 있어서 운의 중요성에 대해서 미처 생각하지 못한다. 운이란 그저 자신이 통제할 수 없는 영역에서 발생되어 우연히 주어지는 것에 불과하다고 여긴다. 그래서 행운이 찾아오면 '오늘은 운이 좀 좋네' 하고, 반대로 불운이 닥치면 '역시 난 운이 나빠' 하고 쉽게 생각한다. 하지만 이러한 생각은 틀렸다. 행운이든 불운이든 모든 운은 항상 바뀐다.

우리가 건강한 몸을 만들기 위해 균형 잡힌 식단, 충분한 수면, 자주 물 마시는 습관, 주기적인 운동을 하듯이 운을 좋게 만드는 데에도 일종의 지침들이 존재한다. 그러니 이 지침을 순서대로 따라 하기만 하면 당신의 운은 지금보다 훨씬 더 좋아질 것이다. 스탠퍼드 대학교 경영과학공학과 교수인 티나 실리그Tina Seelig는 행운을 만들어내는 방법에 대해 다음과 같이 이야기한 적이 있다.

"운이란 단발적이고 극적으로 일어나는 벼락같은 게 아니라 끊임없이 불어오는 바람과도 같아요. 운을 바꾸기 위해서는 이 개념을 이해하는 게 가장 중요합니다. 그러니 행운이라는 바람을 받고 싶다면, 매일매일 작은 행동으로 쌓아올린 돛을 먼저 만들어야 하죠."

여기에서 중요한 포인트는 바로 '운은 스스로 바꿀 수 있다'는 것이다. 이건 내가 마주한 진실이기도 하다. 물론 운을 바꿀 수 있다는 말이 회의적으로 들린다고 해도 충분히 이해한다. 나 역시 그랬으니까. 하지만 나는 운의 비밀을 활용하여 스스로 엄청난 행운을 만들어냈다. 뿐만 아니라 수많은 사람을 도와주는 과정에서, 그들이 이 비밀을 어떻게 자신의 삶에 적용해 운을 바꾸었는지 직접 목격했다.

행운을 의식적으로 끌어당기는 비밀

이 책에는 운을 바꾸는 여덟 가지 비밀이 담겨 있다. 좀 더 구체적으로 말하면, 자신의 잠재의식 속에 행운이 확실하게 들어오도록 도와주는 다양한 기술이라고 할 수 있다.

첫 번째 비밀은, 나에게 주어진 운명을 바꾸고 인생을 더욱 풍요롭게 만들어나갈 것이라는 다짐을 스스로에게 선언하는 것이다. 자기 자신에게 다짐을 하는 일은 중요하다. 그러지 않으면 그저 경기장 사이드라인에 앉아 경기를 지켜보는 관람객에 불과할 뿐이다. 행운을 창조하는 과정에서 가장 큰 즐거움은 끈기와 열의로 전력을 다해 인생이라는 경기를 뛸 때만이 느낄 수 있다.

자신을 향한 다짐을 통해 마음의 준비를 마쳤다면 이제 두 번째 비밀을 만나볼 차례다. 사실 세상 모든 사람에게는 행운을 만들어낼 줄 아는 놀라운 능력이 있다면 믿어지는가?

이렇게 생각해보자. 당신은 원래 좋은 운을 타고났다. 다만 성장하는 과정에서 가족과 사회의 집단적 신념에 반복적으로 노출되면서 그들이 생각하는 방식으로 생각하고, 그들이 믿는 것을 믿고, 그들이 행동하는 방식대로 행동해왔다. 그러다 보니 타인의 사고방식과 행동 패턴이 자연스럽게 잠재의식 속에 고정되어 당신이 본래 타고난 운의 좋은 기운이 발휘되지 못했을 수 있다. 이처럼 운에 대한 자신의 사고방식이 어디에서 비롯되었으며, 어떤 영향을 받게 되었는지를 이해하는 일은 중요하다. 자신이 타고난 좋은 운을 되찾을 수 있는 새로운 행동 패턴과 사고방식을 받아들이고 장착할 수 있기 때문이다.

좋은 운을 얻는 능력을 회복하면 행운의 세 번째 비밀의 문이 열린다. 바로 수치심이라는 감정을 행운을 끌어당기는 힘으로 바꾸는 방법이다. 누구에게나 내면 깊숙한 곳에는 어렸을 때 주입된 수치심이 존재한다. 이 수치심은 인생을 살면서 일어나는 일들에 강력한 영향을 끼친다. 반가운 소식은 이 힘의 존재를 인식하고 잘만 활용한다면 수치심을 풍요와 행운을 끌어들이는 데 쓸 수 있다는 것이다.

네 번째 비밀은 '목표'와 행운의 상관관계다. 우리는 어떤 목표를 세우느냐에 따라 행운이 자신에게 찾아오도록 만들 수 있다. 이것을 '행운이 따르는 목표'라고 한다.

행운이 따르는 목표를 세우면, 타인의 지지를 끌어내 더 큰 성공을 거둘 수 있으며, 이를 달성하는 과정에서 내적 즐거움까지 얻을 수 있다. 이처럼 내면의 본질적인 변화를 마치면 그다음으로는 일상에서 실천해야 하는 습관들에 대해 살펴볼 것이다. 습관이라고 해서 결코 거창하지 않다. 가령 당당하게 행동하기, 내 삶에 영감을 주는 다른 사람들에게 관심을 갖고 돌보기, 나 자신이 느끼는 감정에 솔직하기, 진실로 감사할 줄 아는 마음 지니기와 같이 누구나 실천할 수 있는 간단한 것들이다. 매일매일 부지런히 지키다 보면 어느 순간에는 저절로 내 몸과 마음이 바뀌고 인생이 바뀌는 극적인 효과를 낸다.

'마음가짐'이 운을 좌우한다

좋은 운을 타고나는 사람들이 있다고는 하지만 확실히 나는 그런 사람이 아니었다. 나는 플로리다의 하류층 동네에 있는 작은 집에서 자랐다. 어머니는 일곱 살 아들이 있는 상태에서 나를 임신했다.

그런데 어느 날 아버지가 갑자기 돌아가셨다. 아버지는 서른두 살의 어머니에게 300달러와 할부금이 남은 뷰익(Buick, 미국 GM사의 승용차 – 역주)만을 남겼다. 그나마 다행이었던 것은 조부모님이 가까이에 살고 계신 덕에 어머니는 그분들께 나를 맡겼고, 다시 일어서기 위해 애를 썼다. 가족 간에 사랑은 넘쳤지만 돈이 턱없이 부족했다. 아끼고 아끼며 하루하루를 근근이 살아갔다.

그러다가 열네 살이 되었을 때, 마법 같은 일이 일어났다. 당시 나는 친구 대니와 오후에 상영되는 영화를 보러 갔다. 무슨 이유인지 영화관에서 상영 전에 추첨이 진행되고 있었다. 새로운 영화표에 당첨되고 싶은 사람이면 누구나 영화표 반쪽 뒷면에 이름을 써넣으면 되었다. 당첨표가 뽑히기 직전에 대니는 잔뜩 기대하며 내게 말했다.

"자, 봐봐. 분명히 내가 뽑힐 거야!"

잠시 후, 영화관 매니저는 수많은 표가 담긴 통에 손을 넣어 휘휘 젓고는 표 하나를 뽑아들었다. 그러고는 손에 쥔 표를 보더니 대니의 이름을 부르는 게 아닌가. 나는 깜짝 놀랐다. 나중에 대니에게 당첨될 걸 어찌 알았느냐고 물었다. 대니는 운이 좋았다고 말했다. 그러면서 자신은 복권이나 행사 응모에 자주 당첨된다고 했다. 좋은 운이 타고난 것 아니냐는 내 말에 대니는 웃음을 지었다.

"어떤 사람들은 뭘 해도 운이 따르는데 어떤 사람들은 그렇지 않다는 걸 깨달았어. 그래서 마음을 바꿔먹고 운이 좋은 사람이 되기로 작정했지."

이것을 전문적인 용어로 '마음가짐'이라 부르는데, 긍정심리학 연구에 의하면 이 마음가짐은 운을 좌우하는 중요한 결정 요인이다. 뿐만 아니라 한 연구조사 결과, 스스로 운이 좋다고 여기는 사람들은 살면서 행운을 경험할 가능성이 훨씬 높다는 사실이 드러났다.

"계속 운이 없는 것보다는 마음을 바꾸고 운이 좋아지는 게 훨씬 쉬운 일이야." 대니가 무덤덤하게 말했다.

그 말을 듣자 이런 생각이 들었다.

'그래, 이 녀석이 운이 좋아질 수 있다면 나도 충분히 그럴 수 있어.'

대니는 좋은 친구였지만 특별하다거나 남다른 인물은 아니었다. 나는 마음을 바꾸어 운을 끌어당길 힘이 내게도 있다는 점을 깨달았다.

그러자 우리 가족은 스스로 운이 좋다는 생각을 하지

않았기 때문에 실제로 운이 없었다는 생각이 번뜩 들었다. 우리 가족은 자신을 그저 열심히 일해서 하루 벌어 하루 사는 사람으로 여겼고, 실제로도 그렇게 살고 있었다. 생계를 근근이 이어가는 근면한 사람이라는 점이 문제될 건 없었지만, 나는 늘 인생에서 그 이상의 결과를 원했다.

아버지가 돌아가시고 어머니가 절망에 빠진 상태였으니 나는 불우한 상황에서 태어난 것은 맞다. 하지만 그렇다고 해서 나 자신의 운명을 새롭게 창조하지 못한다는 법은 없었다. 부모님 상황이 그렇게 된 것은 단지 우연한 사건에 지나지 않았다. 불운과 불행이 어린 시절의 나를 에워쌌지만 태어난 환경으로 형성된 마음가짐과 태도는 언제든지 스스로 바꿀 수 있었던 것이다.

영화가 끝나고 집으로 돌아가면서 나는 스스로를 '운이 좋은 사람'이라고 믿기로 했다. 영화표에 당첨된 친구 옆에 앉은 사람이 아니라, 영화표에 직접 당첨되는 사람이 되겠다고 결심했다. 이전에 나는 행운이 찾아오지 않는 곳에 있었지만 그 순간 이후 행운이 축복하러 오는 곳에 존재했다. 그렇게 하여 지금까지 연속된 행운의 길을 걷기 시작했다.

대니와 함께 영화관을 다녀온 그다음 주에 나는 같은 영화관에 〈타잔〉을 보러 갔다. 상영까지는 시간이 좀 남아서 근처 잡지 판매점을 둘러보던 도중에, 매장 한쪽에 놓인 '희귀한 동전 수집' 코너가 눈에 띄었다. 판매점 주인인 네드 씨는 열성적인 동전 수집가였는데 나 역시 동전 수집을 취미로 시작한 지 얼마 안 되었기에 매료되었다. 반대쪽 구석에서 네드 씨가 나이 지긋한 남자와 대화하는 모습이 눈에 들어왔지만 나는 그들에게 별로 관심을 두지 않았다.

잠시 후 영화관에 가려고 밖으로 나왔다. 조금 걷다 보니 주차 미터기 옆 보도에 고급스러운 서류 가방이 놓여 있는 것을 보았다. 놓고 간 사람이 있나 싶어 거리 여기저기를 둘러보았지만 아무도 없었다. 할 수 없이 서류 가방을 집어들고 다시 잡지 판매점으로 들어갔다. 네드 씨에게 혹시 누구 것인지 아느냐고 물었다. 그러자 그의 눈이 휘둥그레졌다. 방금 전 판매점에서 그와 대화를 나눈 남자의 가방이었다.

네드 씨는 그 남자가 유명한 동전거래상이라고 했다. 그가 판매점을 나와 주차 미터기에 동전을 넣는 동안 서류 가방을 잠시 내려놓고는 깜빡 잊고 가버린 것이었다. 네드 씨는 내게 모퉁이를 돌면 음식점이 있는데 혹시 그가 거기서 식사를 하고 있는지 확인해 봐달라고 부탁했다. 하지만 영화 상영 시간이 얼마 안 남았기에 나는 거절하고 영화관으로 향했다.

그렇게 내가 영화를 보는 동안 엄청난 일이 벌어졌다는 사실을 나중에서야 알게 되었다. 동전거래상 남자는 음식점에서 자신의 서류 가방이 없어졌다는 사실을 알아차렸고, 식사를 하는 동안 누군가가 훔쳤다고 생각해 음식점을 아예 폐쇄시킨 뒤 경찰까지 부른 것이다. 범인을 찾지 못하자 망연자실한 그는 왔던 길을 살피며 다시 잡지 판매점으로 왔고, 네드 씨가 그에게 가방을 건네주었다. 네드 씨가 말하길 당시 동전거래상 남자는 정신이 반쯤 나간 상태였다고 한다. 그도 그럴 것이 가방 안에는 무려 수십만 달러어치의 희귀 동전과 우표가 들어 있었기 때문이다. 네드 씨는 그 가방을 가져다놓은 사람이 나라고 말해주었다. 그는 고마운 마음에 눈물까지 흘렸고 내게 보상을 해주고 싶어 했지만, 영화관에 있던 나를 미처 만나지 못하고 다른 도시에 있는 자신의 집으로 돌아갔다.

며칠 후, 그는 네드 씨를 통해 나에게 선물을 보내왔다. 수백 달러의 가치가 있는 동전 수집 케이스였다. 아마지금의 돈 가치로 환산하면 수천 달러는 될 것이다. 내가그때까지 살면서 본 것 중에 가장 많은 돈이었다.

나는 사람들에게 어떻게 운을 의식적으로 바꿀 수 있는지 설명하기 위해 대니와 동전수집가의 일화를 종종언급한다. 물론 우연의 일치라고 말하는 사람들도 있고,실제로 그럴 수도 있다. 하지만 예전의 나에게 그런 일은전혀 일어나지 않았고, 두 사건은 내가 좋은 운을 끌어들여 행운을 경험하게 한 인생의 전환점이라는 사실만큼은분명했다.

이러한 경험들을 바탕으로, 운이 빠르게 바뀔 수 있도록 하는 데 여덟 가지 비밀이 중요한 열쇠라는 점을 믿게 되었다. 그리하여 이제부터는 당신이 내 바로 맞은편에 있다고 여기며 행운의 비밀을 공유하고자 한다. 이 비밀을 마음 깊이 새긴다면 인생과 운에서 주목할 만한 변화를 보게 될 것이다. 준비가 되었는가? 그렇다면 이제첫 번째 비밀의 문을 함께 열어보자.

Conscious Luck

운이 좋다고 믿어야
운이 좋아진다

타고난 운을 바꾸는 4가지 비밀

첫 번째 비밀

운이 좋은 사람이 되겠다고 다짐하라

※

운이란 건 내가 만드는 거야.

브루스 스프링스틴Bruce Springsteen의 곡 <러키 타운Lucky Town> 중에서

자, 내 마음에 온전히 집중해보자. 그리고 다음 문장을 마음 깊이 새겨보자.

* * *

운이 좋은 사람이 되겠다고 다짐하는 순간,

나의 운은 좋아지기 시작한다.

운이 좋은 사람이 되겠다고 의식적으로 다짐하기 전까지는 우리 안의 잠재의식이 운을 좌우한다. 물론 당신의 무의식에 행운을 끌어당기는 사고방식이 장착되어 있어 항상 운이 따랐다면 좋았겠지만, 만약 그랬다면 당신은 이 책을 읽지 않았을 것이다. 조금만 더 운이 좋았더라면 인생에서 좋은 일들이 많이 일어났을 거라고 생각해서 이 책을 펼치게 된 것이리라.

나도 공감한다. 그래서 이렇게 조언을 해주고 있는 것이다. 우리는 운이 스스로에게 달려 있다는 사실을 알아야 한다. 변화의 힘은 자신의 머리와 두 손에 달려 있다.

누구든지 노력을 기울여 인생에 더 많은 행운을 끌어들일 수 있다. 몸과 마음에 몇 가지 단순한 변화만 주겠다는 의지만 있으면, 운을 바꾸는 일은 사실 크게 어렵지 않다. 그러니 지금, 자신을 들여다보고 과연 내가 운을 바꾸기 위해 노력할 의향이 있는지 확인해보자.

마음의 준비가 되었다면 깊게 호흡하며 몸의 긴장을 푼다. 그리고 다음과 같이 따라 하기 바란다.

첫 번째 단계

이제 당신은 특별한 방법으로 자신의 잠재의식에 말을 건넬 것이다. 이것은 수많은 사람들이 내게 큰돈까지 지불하며 운을 바꿀 수 있도록 도와달라고 요청할 때마다 가장 먼저 권하는 방법이다.

1부 운이 좋다고 믿어야 운이 좋아진다

먼저, 필기구와 종이를 준비하자. 그런 다음 종이에 다음과 같은 문장을 쓴다(빈칸에는 자신의 이름을 쓰면 된다). 운을 바꾸고자 하는 마음이 진심일 때만 이 문장을 써야 한다.

* * *

나, _____는(은) 지금부터
운이 좋은 사람이 되겠다고 다짐한다.

평소에 주로 쓰는 손으로 이 문장을 한 번 써보자(오른손잡이면 오른손으로 쓰라는 말이다).

이어서 반대편 손으로 이 문장을 다시 쓴다. 잘 쓸 필요는 없으나 최선을 다해 써보자. 자신이 알아볼 수 있는 정도라면 충분하다. 우리가 주로 사용하지 않는 손은 잠재의식과 직접적으로 연결되어 있으므로, 이 손으로 다짐을 쓰는 것은 매우 중요하다.

이제 다시 원래대로 손을 바꿔서, 주로 쓰는 손으로 이 문장을 한 번 더 적는다. 그런 다음 또다시 손을 바꿔 한 번 더 써보자. 여기까지 잘 따라왔다면 평소 잘 쓰는 손으로 두 문장을, 잘 쓰지 않는 손으로 두 문장을 썼을 것이다.

필사가 끝나면 잠시 휴식을 취한다. 산책을 해도 좋고, 간단히 뭘 좀 먹어도 좋다. 적어도 몇 분 동안은 주의를 다른 데로 돌리고 아무 생각도 하지 말자. 이 문장이 마음속에 스며들려면 시간이 조금 필요하다.

휴식을 취한 뒤에는 바로 다음 단계로 넘어가도 되고, 며칠 뒤로 미뤄도 좋다. 당신의 선택에 달렸다.

지금까지 무엇에 최선을 다해왔는가

계속할 준비가 되었는가? 좋다. 그렇다면 이제 삶을 영위하기 위해 우리에게 어떤 힘이 주어졌는지에 대해 이야기해보자.

당신은 이미 원하는 것을 스스로 창조할 수 있는 엄청난 힘을 가지고 있다. 이것은 의심할 여지가 없는 명백한 진실이다. 바로 지금의 인생을 만들어낸 사람이 바로 당신 자신이기 때문이다.

자신이 만든 삶의 모습이 마음에 들지 않을 수도 있다. 이 삶이 나의 선택으로 만들어진 것이 아니라 그저 '나에게 일어난 일'일 뿐이라고 생각할지도 모르겠다. 물론 당신에게 일어난 많은 일들이 모두 의식적인 선택을 통해 이뤄진 것이 아닐 수도 있지만, 그럼에도 불구하고 현재의 삶은 당신이 가진 힘을 통해서 만들어졌다.

이것이 가능한 이유는 우리 안에 내재된 '몰두'라는 힘 때문이다. 의식적으로든 무의식적으로든 잠재되어 있던 몰두의 힘을 발휘했기에 지금의 삶이 형성된 것이다. 그러니 이미 자신에게 있는 놀라운 힘을 인정하자. 한 가지 방식으로 인생을 개척할 수 있다면, 다른 방식으로도 얼마든지 개척할 수 있다.

나 역시 이러한 자각으로 말미암아 '내 삶을 이끄는 사람이 바로 나'라는 인식에 비로소 눈뜨게 되었다. 이 깨달음은 여러 가지 새로운 감각을 열어주었고, 내가 내 인생을 스스로 책임지고 있다는 생각도 들게 해주었다. 이와 관련된 개인적인 경험을 하나 소개하겠다.

1979년, 나는 5년 동안 사귀고 헤어지기를 반복했던 여자친구와 말다툼을 벌이던 중 인생을 바꾸는 깨달음을 얻었다. 우리가 500번째 말다툼을 하고 있는 것이 아니라 똑같은 말다툼을 500번째 되풀이하고 있다는 사실을 알게 된 것이다. 인지하지 못했을 뿐, 우리는 그 뻔한 말다툼을 무려 5년 동안이나 반복하고 있었다. 갑자기 머릿속에서 전구 하나가 반짝 켜진 느낌이었다. 그 패턴은 다음과 같다.

- 우리 중 한 사람도 자신이 무엇 때문에 화가 났는지 솔직하게 말하지 못했다.

- 내가 싸늘한 분위기를 느껴 그녀에게 무슨 문제가 있냐고 물어보면 그녀는 매번 아무것도 아니라고 답했다.

- 갈등이 점점 커지고 사이가 멀어지면서 서로를 더욱 비난했다.

- 셀 수 없이 많은 이유로 서로를 헐뜯고, 각자 자신이 피해자라고 생각했다.

- 결국 며칠 혹은 몇 주 동안 팽팽한 신경전을 벌인 끝에 우리는 고래고래 소리를 지르며 맹렬하게 싸웠다. 한 번 그러고 나면 기분이 스르르 풀어지면서 다시 잘 지내게 되었다. 며칠 후 같은 패턴이 반복될 때까지 말이다. 화해의 섹스가 어찌나 좋았던지 지난 시간이 얼마나 고통스러웠는지는 까맣게 잊곤 했다.

나는 곰곰이 생각했다. '왜 이런 패턴에 빠지게 된 걸까? 왜 수년째 똑같은 논쟁을 반복하는 거지? 왜 굳이 서로 속이고, 비난하고, 책임을 전가하면서 내가 피해자라고 생각하는 것을 반복할까?'

그러다 깨달았다. 나는 우리의 관계를 회복하려고 노력하는 대신 늘 해오던 습관화된 행동, 즉 비난하고, 배신감을 느끼고, 거짓말을 하는 데 더 당연하게 몰두했던 것이다. 이는 분명히 무의식적으로 이루어진 일이었다. 나의 무의식이 어디에 몰두했는지를 깨달은 순간 내면에 큰 변화가 일렁였다. 나는 내가 처한 상황의 불운한 희생자가 아니라 이를 만들어낸 강력한 창조자였던 거다.

만일 당신이 지금 외롭다면 이는 사람들과 만나 어울리기보다 혼자 있는 일에 무의식적으로 더 몰두했기 때문이다. 비만이라면 건강한 체중을 유지하는 일보다 비만이 되는 데 무의식적으로 더 몰두한 것이 원인이다. 살을 빼려는 의식적인 노력보다 과체중을 유지하려는 무의식적인 의지가 더 강하게 작용한 결과다. 같은 원리로, 현재당신의 운이 좋지 않다면 이는 당신이 운이 나빠지는 데무의식적으로 몰두했기 때문이다.

나는 이 말을 처음 들었을 때 운이 나빠지는 데 몰두했다는 개념이 마음에 들지 않았다. 하지만 그 마음과 상관없이 인생에서 나타나는 결과들이 우리가 마음 깊은 곳에서 무엇에 몰두했는지를 보여준다는 점은 엄연한 사실이다. 자신이 무의식적으로 어디에 몰두했는지를 알면, 늘 해오던 오래된 행동 패턴에서 벗어나 새로운 습관을 익힐 수 있다.

다음에 나오는 문장을 마음에 새기면서 음미해보길 바란다. 기왕이면 이 문장에 담긴 진실이 온몸으로 느껴질 때까지 계속 되뇌어보자.

* * *

나는 내 삶을 이끄는 사람이 바로 나임을 인정한다.
그리하여 나는 앞으로 내가 원하는 인생을
만들어가기 위해 최선을 다할 것이다.

이제 이 두 문장을 종이에 적고 서명을 하고 날짜를 기입한다. 그리고 항상 가지고 다니면서 이 행운 선언문을 들여다보자. 이 단계를 모두 시행하기 전까지는 절대

다음 내용으로 넘어가선 안 된다.

운이 좋아지길 바라는 것은 바람직한 일이다

많은 사람들이 원하는 것을 당당히 요구하고 표현하는 일에 다소 방어적이다. 스스로가 꼭 이기적인 속물로 느껴지기 때문이다. 하지만 운에 있어서는 꼭 명심해야 한다. 우리가 적극적으로 요청하지 않으면 우주는 우리에게 무엇을 주어야 하는지 모른다는 것을 말이다.

다시 말해, 자신이 '이렇게 되고 싶다'라고 바라는 게 있다면, 의식적으로 원해야만 그것을 받아들이고 즐길 수 있다. 운이 좋아지고 싶다면 운이 좋아지고 싶다고 간절히 원해야 한다.

자, 지금부터는 자신의 운이 아주 좋아지기를 원해보자. 다음과 같이 빈칸에 이름을 적고 큰소리로 읽어보라.

* * *

나, _____는(은) 운이 좋은 사람이 되고 싶다.

자신이 어리석거나 바보같이 느껴져도 괜찮다. 이 문장을 읽음으로써 당신은 '원하는 것'의 힘을 의식적으로 활용한 셈이다. 이는 더 많은 운을 창조하는 데 도움이 될 것이다.

다짐을 공개해야 하는 이유

만일 존 F. 케네디 대통령이 인간을 달에 보내겠다는 다짐을 공표하지 않았다면 인류가 달에 갈 수 있었을까? 그랬을지도 모르지만 알 수 없는 일이다. 분명한 사실은 케네디 대통령이 비웃음과 불신을 무릅쓰고 대담한 다짐을 공표할 용기를 내어 인류에게 가능한 일의 기준을 높였다는 점이다. 마찬가지로 당신도 운이 좋은 사람이 되겠다는 다짐을 사람들에게 알려야 가장 큰 효과를 낼 수 있다.

지금까지 당신은 다짐을 속으로 되뇌었고 종이에 썼고 소리 내어 말했다. 이제 그 다짐을 가슴 깊이 느끼며 작게 속삭이고 마음속에 스며들게 하라. 그다음은 사람들에게 알리는 단계다. 가령, 오늘 만나는 누군가에게 이렇게 말해보는 거다.

"난 운이 좋은 사람이 되기로 했어."

상대방이 어떤 반응을 보이는지 살펴보자. 그는 당신에게 응원을 보낼 수도 있고 반대로 비웃을 수도 있다. 어쩌면 상대적 박탈감을 느껴 그건 불가능한 일이라고 내뱉을지도 모른다. 그들의 반응을 살펴보되 크게 신경 쓰진 말아야 한다. 중요한 것은 운이 좋아진다는 사실뿐이다. 사람은 죽음에 임했을 때 다른 사람이 자신을 어떻게 생각했는지에 신경 쓰지 않는다. 그때가 되면 자신이 인생을 즐겼는지, 최대한 사랑했는지, 큰 행운을 누렸는지 되돌아본다.

즐거운 마음으로 다짐하라

이제 의식적인 변화는 의식적인 약속에서 시작된다는 점을 알게 되었다. 여기서 말하는 약속은 사람들이 경험하는 여느 약속과 다르다. 가령, 많은 사람들이 약속을 반드시 해야 할 의무로 생각한다. 차를 살 때 계약서에 서

명을 하면 차는 자기 소유가 된다. 하지만 현금으로 완납하지 않는 한 일정 기간 돈을 지불할 의무가 있다. 이때 '약속은 의무와 같은' 의미를 지닌다. 이는 약속의 한 유형이지만 삶을 변화시키는 특성은 없다.

약속을 삶의 짐으로 생각하는 사람들도 있다. 키워야 할 열여섯 명의 자식을 둔 광부가 있다고 해보자. 이 광부는 자식들을 먹여 살리겠다는 약속 때문에 매일 탄광으로 향한다. 수양하는 마음으로 그 일에 임하는 것이 아니라면 부담감을 느끼기 쉽다. 이러한 유형의 약속은 고귀하지만 삶을 변화시키는 특성은 없다.

삶을 변화시키는 약속이란 스스로 선택한 가치 있는 목표를 이루기 위해 자유 의지로 하는 약속이다. 나는 많은 행운을 창조하겠다는 목표야말로 가치 있는 목표라고 믿는다. 그래서 다음과 같이 표현한다.

"나는 앞으로 계속 내 삶에 많은 행운을 만들어낼 것을 진심으로 다짐한다."

이 말을 속으로 되뇌고 큰소리로 여러 번 말해보길 바란다. 그리고 다시 한번 이 개념과 말을 음미하면서 마음으로 느껴보길 바란다.

뜻대로 되지 않을 때는 다시 시작하면 된다

무언가를 위해 노력한다는 것은 일이 항상 순조롭게 진행된다는 의미가 아니다. 이는 잘못된 방향으로 갈 때 정상 궤도로 돌아가려고 노력한다는 의미다. 1970년대에 한 사찰에서 진행된 7일간의 명상 수련회에 참여했을 때 나는 비로소 이 개념을 이해했다.

수련회 첫날 아침, 다른 학생들과 나는 첫 번째 명상 수업에 들어갔다. 지도 교사는 우리에게 방에 죽 놓인 둥근 방석에 앉으라고 했다. 자리에 앉아 두 눈을 뜨거나 혹은 감은 채로 자신의 호흡을 하나에서 열까지 천천히 세어보라고 했다. 열까지 세면 다시 하나로 돌아가고, 만약 그 과정에서 의식의 끈을 놓친다면 (가령, 네 번째 호흡을 센 후 딴 생각을 해 순서를 잊어버렸다면) 기억해내려고 애쓰지 말고 그저 '하나'로 돌아가 다시 시작하면 된다고 했다.

잠시 후 그는 작은 종을 울렸다.

"9시에 종을 다시 울릴 거예요. 그때 아침 식사를 하며 쉬시면 됩니다."

손목시계를 슬쩍 보니 6시가 막 지났을 뿐이었다. 나

는 호흡을 하며 속으로 '하나'를 세기 시작했다. 내 삶에서 가장 길었던 세 시간이었다. 열까지 셌을 무렵, 갑자기 불현듯 초등학생 때 불쾌했던 경험이 떠올랐다. 집중력을 잃지 않고 열까지 똑바로 세겠노라고 다짐하며 다시 시작했다. 하지만 이번에는 넷 정도까지 세다가 어느 순간 깜빡 잠이 들어버렸다.

아! 내 집중력이란 얼마나 미약한가. 그 첫날 아침에 깨달은 게 한 가지 있다면 내가 현재에 집중하는 시간이 얼마 안 되는 반면, 과거를 걱정하거나 미래를 불안해하며 보내는 시간이 굉장히 많다는 점이었다.

며칠 동안 명상을 하고 나니 알 수 없는 빛이 나를 향해 내리쬐고, 그 빛이 서서히 나를 둘러싸는 듯한 기분이 들었다. 내가 세는 과정을 놓쳤는지 여부는 더 이상 중요하지 않았다. 그저 현재에 충실하되 생각이 표류할 때마다 '하나'로 다시 돌아가면 되었다. 그렇게 시간이 흐르자 나를 둘러싼 빛이 더욱 강렬해짐을 느꼈다. 수행 막바지에는 하루에 열네 시간이나 명상했지만 시간은 화살처럼 빠르게 지나갔다.

운을 좋게 만드는 일에 다시 전념하는 것은 이와 같

다. 운에 대한 이전의 사고방식과 불운을 끌어당기는 옛날의 행동 습관으로 다시 퇴보했다는 점을 깨달았을 때 그저 '하나'로(이 경우, 첫 번째 행운의 비밀로) 다시 돌아가면 된다. 이로써 당신은 운 좋은 사람이 될 것이며 나머지 행운의 비밀들을 실행하기로 다짐하면 된다. 표류하는 것은 이 여정의 일부분이니 자책하지 말아야 한다. 다시 다짐하는 순간 큰 힘이 솟는다.

두 번째 비밀

행운을 가로막는 장벽을 찾아서
무너뜨려라

구름이 비를 만들 듯 우리는 어떻게
행동하고, 생각하고, 느끼고, 말하느냐에 따라
운을 만들 수도 있고 바꿀 수도 있다.
나의 생각과 행동에 늘 각별한 주의를 기울여라.
그러면 가는 곳마다 행운의 향기가 비처럼 내려질 것이다.

마크 베네딕트Mark Benedict의 《판매의 기술The Method of Selling》 중에서

유능한 원예사는 일단 씨앗을 심으면 잡초가 자라지 않게 항시 살핀다. 행운을 키우는 과정도 이와 다르지 않다. 첫 번째 행운의 비밀이 운 좋은 사람이 되겠다고 다짐함으로써 행운의 씨앗을 심는 일이라면, 두 번째 비밀은 행운의 방해물을 제거하는 일이다.

행운을 가로막는 개인적인 장벽과도 같은 이 방해물은 수년 동안(혹은 평생) 우리와 함께하면서 지금까지 인생에서 경험하는 결과들을 형성해왔다. 그러므로 이 중요한 두 번째 단계를 건너지 못하면 운이 좋은 사람이 되겠다는 바람과 다짐이 결실을 맺을 가능성은 낮다. 그렇다면 지금부터 하나씩 살펴보자.

운을 가로막는 가장 큰 장벽

많은 사람들이 행운을 얻는 과정에서 여러 장벽에 직면하지만 그중에서도 가장 큰 장벽이 있다. 바로 '습관화된 심리적 패턴'이다. 이것만 제거해도 인생을 괴롭게 만드는 문제 중 약 90퍼센트는 사라진다.

오래된 심리적 패턴은 우리의 잠재의식 속에 깊숙이 뿌리 박혀 있다. 그래서 우리가 새로운 사고방식을 습득하고 습관화할 때 주의를 기울이지 않으면 순식간에 다시 원래의 패턴으로 돌아가고 만다.

다시 말해, 대다수의 사람들이 아무리 운이 좋아지기로 결심해도 조금만 뜻대로 되지 않으면 '역시 나는 운이 없어'라는 오래된 생각에 빠지기 쉬운데, 이것은 자연스러운 현상이다. 이럴 때는 '아차, 내가 다시 예전의 나로 돌아가려고 하는구나!' 하고 재빨리 알아차리는 것이 중요하다. 그런 다음 다시 새로운 마음으로 돌아가 다짐해야 한다. 다음과 같이 말해보자.

* * *

나, _____는(은) 앞으로도 계속
운이 좋은 사람이 되겠다고 다짐한다.

이렇게 나 스스로에게 선언하면 거부감이 들지 않고 부드럽게 내 마음의 방향을 바꿀 수 있다.

자신이 원치 않는 오래된 습관에 지배되는 것을 알아차릴 때 심하게 자괴감을 갖거나 자신을 비난하는 사람들이 많다. 하지만 자신을 탓하는 일은 진정한 지혜를 얻을 수 없으며 시간 낭비일 뿐이다. 그저 자신이 무엇을 하고 있는지 인지하고 새로운 다짐으로 편안하게 다시 돌아가면 그만이다. 오래된 생각을 내보내고 운이 좋아지기로 다시 다짐하는 것이다.

불운하다는 생각에서 벗어나기

'나는 운이 없어'라는 오래된 고정관념을 없앨 수 있는 좋은 방법이 하나 있다. 역설적이게도 그 생각을 없애

기 위해 일부러 애쓰지 않아야, 비로소 그 생각이 사라진
다는 것이다.

무언가를 없앤다는 것은 말 그대로 그 대상을 인생에
서 밀어내거나 내던진다는 의미다. 이는 더 이상 맞지 않
는 오래된 바지를 버릴 때는 적용할 수 있지만, 오래된 고
정관념을 버리는 일에는 아무 소용이 없다. 완전히 없애
는 게 아니라 마음 한구석 어딘가에 잠시 가둬놓는 일에
불과하기 때문이다.

따라서 생각을 바꾸기 위해 애를 쓰면 쓸수록 그 생
각은 의식적으로 떠올리게 되고, 결국 내 안에서 불협화
음이 발생한다. 마치 자기 꼬리를 쫓는 개의 모습처럼 원
을 그리며 돌면서 잡히지 않는 대상을 잡으려는 헛된 시
도로 끝나버리는 것이다.

그렇다면 어떻게 해야 할까? 편안하게 관찰해야 비로
소 의식의 둘레를 빙빙 헛도는 일을 멈출 수 있다. '나는
운이 없어', '왜 나에게는 불행한 일만 생길까?' 하는 생각
이나 상황이 찾아온다면 마음을 편히 먹고 그저 받아들
이는 것이다.

예를 들어, 회의에 늦었는데 꽉 막힌 고속도로 위에

서 차가 꼼짝을 안 하는 상황이라고 치자. 잔뜩 화가 난 마음은 이렇게 말할 것이다. '왜 나는 꼭 이런 일이 일어나는 거야? 정말 운도 지지리도 없지.'

하지만 일이 이미 벌어진 것은 엄연한 현실이므로 자신의 신세를 탓해봤자 스트레스만 커질 뿐이다. 이럴 땐 마음을 내려놓고 한 발짝 떨어져서 닥친 현실을 편안하게 관찰해야 한다. '어차피 겪을 일이었다'라는 자세로, 지금 으레 경험해야 할 일을 겪고 있을 뿐이라며 받아들이는 것이다.

마음의 평온을 되찾고 평정심을 유지하는 법을 알면 어떤 상황이 찾아와도 나 자신을 비난하지 않게 된다. 동시에 '나는 불운의 아이콘'이라는 스스로가 만든 고정관념으로부터 자유로워질 수 있다.

행운이 흐르는 거대한 강을 만들어라

운을 대하는 오래된 고정관념을 버리고 다시 다짐하는 일을 지속적으로 반복하다 보면 행운을 불러들이는 새로운 경로가 생기게 된다. 다시 말해, 좋은 운을 만들고 원하는 인생을 받아들이는 일이 훨씬 더 자연스럽고 수월해진다는 뜻이다.

물론 처음에는 불운한 상황이 닥칠 때마다 '역시 나는 운이 없다'는 오래된 생각에 금세 사로잡힐 것이다. 그러고는 결국 변화하지 못한 자신을 비난하고 탓할 것이다. 하지만 기억하라. 로마는 하루아침에 생기지 않았다는 것을.

당신은 지금 새로운 여정에 놓여 있다. 잠시 심호흡을 하고 새롭게 바뀔 것을 다짐해보자. 또다시 예전으로 돌아가는 자신을 발견하게 된다면, 그저 혀를 몇 번 찬 후 다음번에는 더 잘할 거라고 스스로를 격려하라. 이런 과정이야말로 오래된 고정관념을 바꾸는 궁극적인 방법이며, 나중에는 어느새 당신의 인생에 행운이 저절로 흘러들어오게 만드는 거대한 강줄기로 변해 있을 것이다.

두 번째 장벽, 저주

예로부터 '저주'라는 단어는 검은 옷을 입은 사악한 마녀가 순진하고 약한 희생자를 괴롭히려고 주문을 거는 모습을 떠올리게 한다. 이처럼 부정적인 이미지 탓인지 '저주'는 오늘날 상담에서 좀처럼 다루어지지 않는 주제다.

하지만 나는 자신이 돈과 사랑이라는 영역에서 저주받았다고 느낀다는 사람들을 수도 없이 많이 봐왔기 때문에 이 주제를 살펴볼 수밖에 없었다.

인간의 통제력을 벗어난 것처럼 보이는 부정적인 에너지가 성공을 위한 노력에 방해가 되었다니, 선뜻 이해가 되진 않았으나 그들이 자신에게 내려진 '저주를 풀도록' 도와주기로 했다. 그런데 막상 이 과정에서 '저주를 푸는 일'이 얼마나 중요하고, 성공적인 삶을 방해할 수 있는지 깨달았다.

실제로 저주는 자신의 능력이나 혹은 자신에 대한 믿음(흔히 부모님이나 교사처럼 자신을 돌봐주는 사람을 통해 이러한 믿음이 생긴다)을 제한하고, 일상에 보이지 않게 항상 작용하며, 삶의 배경처럼 우리 안에 스며든다. 그렇기 때문에 많은 사람들이 저주가 존재한다는 사실을 인지조차 못한다.

어린 시절을 잠시 떠올려보라. 혹시 당신은 부모의

원치 않는 임신으로 태어났다는 저주의 영향을 받지는 않았는가? 한 조사 결과에 따르면, 성인의 약 40퍼센트가 자신이 원치 않는 임신의 결과이며 어린 시절 그에 따른 영향을 받았다고 응답했다. 뿐만 아니라 나와 상담한 사람들 가운데 상당수는 자신의 성별 때문에 저주받았다고 느낀다고 말했다. 부모가 아들을 원했는데 자신은 딸로 태어났거나 혹은 그 반대의 경우였다.

저주는 때로는 가족 간의 관계에서 아주 오랫동안 머문 이후에 드러나기도 한다. 가령, 나와 상담한 몇몇 사람들은 긴 세월 동안 존재했던 저주가 부모의 임종 때 나타났다는 소름 끼치는 이야기도 해주었다.

내가 만난 한 중년 남성은 아버지의 침대 옆에 앉아 임종을 지킬 때 아버지가 저주를 고백했던 일을 말해주었다. 그의 아버지는 갑자기 가까스로 입을 열어 "나는 너를 좋아한 적이 한 번도 없었다"라고 말한 후 숨을 거두었다고 한다. 그는 그 말을 듣던 순간에 느꼈던 고통에서 회복하는 데 상당한 시간이 걸렸지만 아버지가 솔직하게 말해주었다는 사실에 결국 고마운 마음을 갖게 되었다며 이렇게 말했다.

1부 운이 좋다고 믿어야 운이 좋아진다

"제 평생 아버지가 그렇게 느꼈을 거라는 의구심은 들었어요. 마침내 그 얘길 직접 들으니 어떤 면에선 마음이 놓이더군요."

잠시 당신의 인생을 반추해보는 시간을 보내보길 바란다. 자라면서 저주를 받았다고 느꼈는가? 그 이유는 무엇인가? 누가 당신을 저주했는가?

이러한 무의식적인 믿음과 감정을 분명히 아는 것은 이를 내보내는 과정에서 중요한 부분이다. '불운의 덫'에서 벗어나 자신의 의식적 영역의 행운을 받아들이는 데 도움이 되기 때문이다.

불운의 정체를 확인하고 놓아주기

앞서 살펴보았듯 운이 좋은 사람이 되는 데 가장 큰 장벽은 자신이 운이 없다는 믿음이다. 이 믿음이 스스로 저주받았다는 인식에서 형성되었든 유해한 인생 경험에서 생겨났든 말이다.

그렇다. 한 번도 깊이 있게 들여다보지 않았겠지만,

온전한 행운을 누리지 못하게 가로막는 부분이 당신에게 존재한다. 나 자신이 불운하다고 느끼게 하는 의식의 정체를 깊이 들여다보면 그 영향력에서 벗어날 수 있다. 그러니 지금부터는 '운의 시간표'를 활용해 조금 특별한 방법으로 그 장벽에 집중해보자.

운의 시간표

- 대학 졸업 후
- 대학 시절
- 고등학교 시절
- 중학교 시절
- 초등학교 시절
- 유치원 시절
- 걷기 전 시절
- 태어나기 전

이제 두 눈을 감고 '운이 없다'는 느낌에 잠시 주파수를 맞추어보자. 이는 막연한 느낌일 수도 있고 머릿속 생각일 수도 있다. 하지만 마음 어디에선가 당신에게 운이 없다고 느껴지는 부분이 느껴질 수 있다. 잠시 그 부분에 주의를 기울여본다.

첫 번째 단계

운의 시간표에서 자신이 사랑이든 돈이든 어떤 영역이든 운이 없다고 맨 처음 느꼈던 시기에 해당되는 부분을 한 손가락으로 가리켜보라.

물론 이를 확실하게 알 길은 없지만 내면에서 들려오는 대답을 그저 받아들이면 된다. 가령, 항상 운이 나빴다고 느꼈다면 '태어나기 전'을 가리킬 것이다. 고등학교 다닐 때 운이 나빴다고 느꼈다면 그 부분을 가리키면 된다. 한 곳을 가리켜도 좋고 두 곳 이상을 가리켜도 괜찮다.

두 번째 단계

이제 부모님과 조부모님에 대해 잠시 생각해보라. 운

이 없다고 느끼는 사람들을 보면 대부분 그들의 부모님이나 조부모님도 운이 없다고 생각한 경우가 많다.

그 이유는 우리가 부모님이나 조부모님 밑에서 자라는 동안 그들의 태도를 무의식적으로 받아들이기 때문이다(어릴 때 입양되었고 친부모가 누구인지 아는 사람이라면 친부모와 양부모를 모두 생각해본다. 조부모를 모른다면 그분들에 대해 들었던 이야기를 생각해본다).

- 나의 부모님
- 나의 조부모님

부모님이나 조부모님이(혹은 모든 분이) 스스로 운이 없다고 느꼈다는 생각이 들면 그분들의 성함을 적은 뒤, 손가락으로 가리킨다. 아버지는 스스로 운이 좋다고 느낀 반면 어머니는 운이 없다고 느꼈을 수도 있고 그 반대일 수도 있다. 조부모님의 경우도 마찬가지다. 두 분 가운데 한 분만 본인이 불운하다고 느꼈을 거라는 생각이 들어도 손가락으로 가리킨다.

확실히 알 수 있는 방법은 없으므로 당신이 받았던

인상에 따라 판단해도 괜찮다. 그분들이 불운하다고 느꼈다는 생각이 들지 않는다면 손가락으로 가리키지 말고 잠시 기다려라.

과거의 영향력에서 벗어나기

이제 당신의 운을 바꾸는 데 아주 중요한 일이 남았다. '운의 시간표'를 다시 보고 스스로 운이 없다고 느꼈던 시절을 손가락으로 가리켜보자. 그런 다음 손가락으로 가리킨 상태로 다음 문장을 큰소리로 말한다.

"그건 그때일 뿐이야."

이제 그 손가락을 가슴에 대고 이렇게 말한다.

"지금은 현재야."

자칫 거부감이 들지도 모른다. '무슨 바보 같은 짓이야', '이게 무슨 효과가 있겠어'라고 속으로 비웃고 있을지도 모르겠다.

지금 당신은 마음에 깊이 뿌리 내린 부분을 건드리고 있다. 이런 행동만으로도 현재 상황이 좋든 나쁘든 그 상황에 기여한 뇌의 영역과 성격적 측면에 충분히 자극을 줄 수 있다(이 역학 관계에 대해서는 뒤에서 다시 다룰 것이다).

두려움, 불쾌감, 자조적인 기분이 든다면 깊게 심호흡을 한 뒤, 자신의 삶이 지금보다 훨씬 더 풍요롭고 행복해질 것이라고 확신해야 한다. 이어서 부정적인 생각을 내보낸다. 이 과정을 적어도 열 번은 실행해야 한다. 괜찮다면 수십 번을 해도 좋다.

그런 다음은 부모님과 조부모님을 생각하며 이 과정을 반복한다. 부모님이나 조부모님이 스스로 불운하다고 느꼈다는 생각이 들면, 손가락을 대고 **그건 그분들 얘기야**라고 말한다. 이어서 똑같은 손가락을 자기 가슴에 대고 **나는 나야**라고 말한다. 이 과정도 최소 열 번을 반복한다.

여기까지 하고 나면 후련한 기분이 들 것이다. 혹은 거부감이 든다며 이 과정을 멈추고 싶을지도 모른다. 하지만 부디 포기하지 않길 바란다.

앞서 언급했듯, 인생을 변화시키겠다고 다짐할 때마다 우리 내면에서는 '현재 상태'에 만족하려는 힘이 강력하고 재빠르게 작용한다. 그리하여 새롭게 결심한 목표를 방해하고 좌절시키려고 든다. 이는 자신에게 잠재된 성공이나 능력의 '상한선'에 대한 두려움 또는 단순히 변화에 대한 두려움에서 비롯된 자기 태만이다.

우리가 변화를 위해 의식적인 노력을 기울일 때 변화를 가로막는 내면의 모든 장애물이 작동하기 시작한다. 우리는 이러한 맹습에 마음의 준비를 해야 하고 흔들리지 않아야 한다. 그렇지 않으면 이 맹습이 거대한 파도처럼 우리를 쓸어버릴 것이다.

부정적인 기운을 내 안에서 내보내는 과정은 여러 번 지속될수록 점점 수월해진다. 장담하건대 그 과정에서 느끼는 불편한 기분은 당신이 결국 경험하게 될 행운의 큰 물결을 위해 치러야 할 작은 대가에 불과하다.

이를 증명해주는 좋은 일화가 있다. 언젠가 소비를 멈출 수 없다며 나를 찾아온 30대 초반의 한 남자가 있었다. 그는 투자 실패와 심각한 과소비로 약 200만 달러를 날렸다. 계좌에 25만 달러가 남은 상태에서 자신이 왜 그렇게 되었는지 알고 싶은 마음이 절실했다.

"그 돈을 어떻게 마련했죠?" 내가 물었다.

"제가 마련한 게 아니라 아버지한테 상속받았습니다."

그의 말을 듣자마자 내 안에서 적색 경보음이 울렸다.

"돈과 관련해 아버지와는 어떤 관계였어요?"

그때 나는 그의 아버지가 그에게 했던 '저주'에 대해 알게 되었다. 그의 아버지는 아들에게 어리석고, 돈을 벌 가망이 없고, 절대 성공하지 못할 거라는 말을 자주 했다. "전 어머니와 비슷하다는 이유로 고통받았어요. 제 기억에 아버지한테 가장 많이 들었던 말은 '쓸모없는 놈'이란 말이었어요." 그가 말했다.

정확히 그 말 그대로 이 젊은이의 인생이 펼쳐졌다. 그러던 어느 날 그의 아버지가 50대의 나이로 갑자기 세상을 떠났다. 그에겐 200만 달러가 넘는 유산과 그 돈을 가질 자격이 없다는 불신이 남겨졌다.

이후 그는 아버지에 대한 분노와 어린 시절부터 받은 세뇌 탓에 결국 아버지가 평생 애써 번 돈을 모두 탕진했다. 흔히 저주가 그렇듯 그가 전혀 의식하지 못한 상태에서 아버지의 저주가 실현된 것이다.

나는 운의 시간표를 이용해서 그가 저주에서 벗어나도록 도왔다. "그건 그때일 뿐이고, 지금은 현재다"를 반복하게 했다. 그의 아버지가 아들과 돈에 대해 했던 생각은 더 이상 현재와는 관련이 없었고, 그가 통제할 수 있는 부분도 아니었다. 그의 아버지는 돌아가셨고 돈도 사라졌으니 말이다. 그에게 중요한 것은 오로지 '현재'에 초점을 맞추는 일이었다.

그는 비록 200만 달러를 원상복구하진 못했어도 과거에서 자유로워진 뒤 만족스러울 만큼 돈을 벌었고 아내와도 잘 지내게 되었다. 더욱이 25만 달러의 비상금까지 생긴 셈이니 다른 사람들이 보기에 그는 충분히 '행운이 따르는 사람'이었다.

세 번째 비밀

수치심을 행운을 끌어당기는 자석으로 바꿔라

나를 괴롭혔던 수치심은
뚜렷한 근원이 없었기 때문에
더욱 정신을 소모했다.
왜 그렇게 더럽고 쓸모없고
나쁜 사람이 된 기분인지 몰랐지만
나는 그런 기분이었다.

도나 타트Donna Tartt의 《황금방울새》 중에서

어쩌면 당신은 나처럼 내면에 수치심을 간직한 채 자랐을지도 모른다. 자신의 신체적인 외형 때문에 조롱당했던 경험 혹은 누군가로부터 무시당하거나 억압되었던 기억, 사랑하는 사람을 화나게 하거나 실망시켰다는 두려움에서 생긴 감정 말이다.

수치심은 사람의 내면에 아주 깊숙이 숨겨져 있어서 감지하기 어렵다. 하지만 현미경으로 보듯 내면을 의식적으로 샅샅이 살펴보면 충분히 느낄 수 있다. 나의 경우는 수치심이 들 때마다 엉덩이와 다리 부근에서 열기가 느껴지고 따끔거린다.

또 마음 한구석에 큰 돌덩이가 얹혀 있는 것처럼 숨이 막힌다. 마치 감당할 수 없는 크기의 무언가를 겨우 삼켰는데, 너무 깊이 들어가는 바람에 게워낼 수조차 없는 느낌이다. 심한 경우에는 나 자신이 부끄럽다 못해 사람들 앞에서 내 가족을 망신 주는 일처럼 느껴질 때도 있다.

수치심 하면 자연스럽게 떠오르는 기억이 있다. 어린 시절, 내가 잘못을 저질렀을 때 보이던 어머니와 할머니의 표정이다. 두 분의 얼굴에 나타난 감정은 자식에 대한 실망을 넘어 마치 내 존재가 하찮다고 말하는 것처럼 느껴졌다. 그것은 어린 나에게는 정말이지 괴롭고 힘든 일이었다.

나는 어머니와 할머니가 그런 표정을 지을 때마다 내가 얼마나 수치스러운 행동을 저질렀는지 깊이 반성하고 있다는 태도를 보여야 했다. 두 분이 나를 다시 좋아하도록 나 자신을 그들이 요구하는 삶의 방식에 맞출 수밖에 없었다.

하지만 세월이 흘러 점점 커가면서 어머니와 할머니가 세상을 보는 방식이 무조건 옳지만은 않다는 생각이 들기 시작했다. '내가 정말 나쁜 아이인 건가?' 나는 정말 궁금했다. 더 많은 세월이 지난 후에야 나는 그때 내 가족이 느낀 수치심의 정체와 그것이 내 인생에 미친 영향에 대해서 알게 되었다.

수치심이라는 감정

오랫동안 나는 신체적인 감각으로도 수치심이 느껴진다는 사실을 전혀 알지 못했다. 다른 사람들이 몸과 마음을 통해 자신의 감정을 들여다볼 수 있도록 도와주면서도 정작 나 자신의 신체에 숨겨진 감정은 보지 못했다. 1990년, 어머니가 돌아가셨을 때까지는 말이다.

당시 내 나이는 마흔 다섯이었다. 나는 형, 조카딸과 함께 플로리다에 위치한 어머니 집으로 가서 유품을 정리했다. 한창을 정리하던 중 우연히 가족사진이 들어 있는 액자 뒷면에서 연하장 하나를 발견했다. 어머니와 같은 교회에 다녔던 한 분이 보낸 연하장이었다. 읽어야 하나 말아야 하나 잠시 고민하다가 결국 편지를 읽었다. 가늘고 긴 필체로 쓰인 연하장에는 이런 내용이 있었다.

'자매님, 집 밖으로 나오셔야 해요. 이렇게 계속 집 안에 숨어 계실 순 없잖아요. 만삭의 몸으로 남편을 하늘나라로 떠나보낸 이 상황이 너무 참담하고 수치스럽게 느껴질 거라 생각해요. 하지만 저희가 곁에 있잖아요. 저희는 자매님이 남편 없이 홀로 자식을 키우는 편모라도 전

혀 상관하지 않아요.'

나는 이맛살을 찌푸렸다.

'왜 어머니는 아버지의 죽음을 수치스러워 하셨던 거지?'

나는 내가 태어나기 전 서른두 살의 아버지가 급성신부전에 걸려 갑작스럽게 돌아가셨다는 이야기를 어머니와 형을 통해 들었다. 그 일로 어머니가 깊은 슬픔과 돈에 대한 극심한 걱정에 빠지셨다는 이야기도 전해 들었다. 하지만 그 누구도 어머니가 느끼신 수치심에 대해서는 언급하지 않았다.

그런데 순간, 의학 박사였던 친구와 아버지에 대해 얘기를 나누었던 때가 떠올랐다. 내 아버지가 어떻게 돌아가셨는지 말해주자 그 친구는 이렇게 말했다. "흠, 약물 중독으로 인한 급성신부전 같은데….'

당시 친구의 말을 되짚어 보니 가슴이 쿵 내려앉으면서 모든 조각 퍼즐이 맞춰지는 기분이 들었다.

'이럴 수가! 아버지가 자살하신 거여서 그동안 모두 그 사실을 꽁꽁 숨겨온 건지도 몰라.'

물론 아버지의 죽음을 둘러싼 진실을 단정 지을 수 없었지만, 이렇게 생각하니 어머니가 느끼셨던 수치심이 온전히 이해되었다.

아버지의 죽음 외에도 연하장이 말해주는 중요한 사실이 하나 더 있었다. 바로 '만삭의 몸'이다. 그때 당시 어머니는 나를 임신하고 계셨다. 그러니 나는 어머니의 자궁 안에 있는 태아였을 때부터 어머니가 느꼈던 수치심에 절어 있던 것이 분명했고, 그 감정은 여전히 내 몸 안에 존재했다.

나는 어머니 집 거실에 서 있는 채로 눈을 감고 심호흡을 한 뒤, 내면의 감정을 들여다보았다. 아니나 다를까 몸 전체가 화끈거리는 기분이 들었다. 하지만 그 느낌은 유독 내가 잘못했을 때 어머니가 회초리를 들곤 하셨던 다리와 엉덩이에 좀 더 집중되어 있었다(어머니는 화가 많이 날수록 다리 위쪽을 때리셨다). 내가 느낀 그 감각은 분명히 내 안의 수치심과 관련이 있었다. 다시 말해 수치심은 내가 몰랐을 뿐, 그동안 내 몸 안에서 늘 배경처럼 존재해왔던 것이다.

이를 계기로 수치심의 존재를 깨달은 나는 그것을 보고, 느끼고, 수용하는 과정을 통해 몸에서 자연스럽게 내보내는 노력을 기울였다. 꽤 만족스러운 진전을 이루었으

나, 여전히 내보내기에만 집중했을 뿐 그 불쾌한 감정을
행운을 불러내는 원동력으로 바꿀 수 있으리라고는 상상
도 하지 못했다.

내 안의 잠재의식을 알아채는 일

플로리다를 다녀온 지 몇 년 후의 일이다. 당시 나
의 순자산은 약 500만 달러였다. 충분한 돈이었기에 불만
은 전혀 없었다. 다만 나는 죽기 전에 내가 설립한 헨드릭
스 재단을 위해 2000만 달러를 기부하고 싶었다. 하지만
2000만 달러라는 큰돈을 마련할 방도는 딱히 떠오르지
않았다.

그러던 어느 비 오는 토요일, 이런저런 생각을 하며
한가한 시간을 보내고 있을 무렵 문득 마음에 한 가지 질
문이 떠올랐다.

'내가 가진 잠재의식을 활용해 운을 더 끌어당길 수
있는 방법이 없을까?'

그 질문을 스스로에게 던진 지 얼마 되지 않아 내 인

생을 바꾸어줄 답이 홍수처럼 밀려들었다. 그 답은 생각이나 이미지가 아니었다. 마치 내면 어두웠던 곳에 불이 켜지듯이 갑자기 환해지는 느낌, 일종의 '감각'이었다.

나는 이것이 어렸을 때부터 익숙한 수치심이라는 것을 곧바로 알아차렸다. 그러고는 생각했다.

'아, 이 수치심을 운을 끌어당기는 힘으로 활용할 수 있겠구나!'

한때 수치심을 느끼게 했던 신경말단이 이제 좀 더 고귀한 목표에 기여할 수 있다는 가능성을 알아차렸다. 더 많은 행운, 재산, 행복을 끌어당긴다는 목표에 말이다. 그 후 몇 년 동안, 나는 과거에 어둡고 수치심으로 가득 찼던 나의 내면이 여전히 환한 빛과 밝은 기운으로 존재하고 있는지 종종 들여다보며 확인했다. 그럴 때마다 사방에서 행운이 내게 흘러들어오는 기분이 들었다.

실제로 행운은 25세의 한 증권업자를 통해 찾아왔다. 어느 날 하와이안 셔츠를 입고 플립플롭을 신은 한 남자가 내 사무실을 찾아왔다. 알고 보니 지인을 통해 그를 소개받은 아내가 사무실로 초대한 것이었다.

그는 우리에게 '소프트웨어닷컴Software.com'이라는 한

스타트업에 투자해보라는 제안을 했었다. 나는 주식을 잘 몰랐기 때문에 망설여졌다(솔직히 말하자면 증권업자의 나이가 어려서 신뢰가 가지 않았다). 하지만 그 기업을 유심히 살펴본 아내는 주당 3달러에 주식을 샀고, 이후 그 주식이 주당 100달러가 되었을 때 매도했다. 한순간에 재단에 기부하고도 남을 금액이 수중에 들어온 것이다.

여기까지가 나의 이야기다. 이제 수치심이라는 심리 기제의 힘을 운을 끌어당기는 자석으로 활용할 수 있다는 생각을 가지고 당신의 이야기에 초점을 맞추어보자.

수치심은 죄책감과 다르다

자신의 건강과 안녕에 도움이 되지 않는 다른 사람의 메시지를 내면화하면 자신의 수치심은 독이 된다.

- 제시카 무어Jessica Moore, 심리 치료사

앞서 우리는 '운이 없다'는 고정관념이 어떻게 행운을 가로막는 장벽이 되는지를 살펴보았다. 수치심 역시 행운을 막는 또 다른 장벽이다. 수치스러운 마음은 스스로가 행운과 사랑, 행복, 성공을 누릴 자격이 없다고 생각하게 만들기 때문이다.

또한 수치심에 빠지면 행운이 일어나는 현재에 충실하지 못하고 계속 과거의 공간에서만 살게 된다. 그렇다면 수치심은 정확히 무엇일까? 흔히 수치심을 죄책감과 동일시하는 사람들이 많지만 이 두 가지에는 차이점이 있다.

- 죄책감은 '자신이 한 일'에 대해 기분 나쁜 감정을 느끼는 것이다.
- 수치심은 '자기 자신'에 대해 기분 나쁜 감정을 느끼는 것이다.

죄책감은 내 개가 다른 사람을 물었을 때 느끼는 감정 같은 것이다. 그 순간 몹시 괴롭고 기분이 안 좋지만, 상대방에게 사과와 보상을 한 뒤 개를 조심시키겠다는 약속을 함으로써 이 감정을 누그러뜨릴 수 있다.

반면 수치심은 습하고 더운 날 모직담요를 덮는 일과 같다. 숨쉬기가 힘들고 가슴이 답답하며 비참한 기분까지 든다. 이 둘의 중요한 차이는 수치심은 바뀔 수 없는 근본적인 결함이 자신에게 있다고 여긴다는 점에 있다. 더군다나 나에게 결함이 있다는 생각은 마치 저주가 내려진 것처럼 나의 무의식을 순식간에 지배한다.

인간은 다른 사람들과 어느 정도 소통할 수 있는 나이가 되면 자연스럽게 수치심을 느끼는 상황에 놓이기 마련이다. 아랫도리를 드러낸 채 놀다가 부모에게 들켰거나 이불에 쉬를 했던 적이 있는 어린 시절에서 아버지 지갑에서 돈을 몰래 훔친 것을 들켰던 청소년기, 이후 수십 년이 지나도 우리는 다양한 이유로 살면서 종종 수치심을 느낀다.

원인이 무엇이든지 간에 중요한 점은 수치심이란 타고나지 않으며, 과학적으로 수치심과 관련된 근육과 신경은 존재하지 않는다는 사실이다. 단지 우리는 누군가에 의해 수치심을 느끼도록 길들여졌고, 이러한 감정이 신체의 근육과 신경에 점점 스며든다. 그러고는 미열처럼 행운과 삶에 대한 열정을 잠식해버린다. 수치심을 효과적으로 다루는 법을 배울 때까지 말이다.

수치심의 역설

당신이 저항하면 저항할수록 그 대상은 지속될 뿐만 아니라 크기도 점점 커진다.

- 카를 구스타프 융Carl Gustav Jung

앞서 행운을 막는 개인적인 장벽을 허무는 방법에서 알게 되었듯, 부정적 감정과 오래된 고정관념은 그것을 없애려고 노력할수록 더 자신 안에 가두게 된다.

수치심은 특히 불쾌한 감정이며, 많은 사람들이 무슨 수를 써서라도 피하고 싶어 하는 감정이다. 사람은 수치스러운 마음이 느껴질 때, 거기서 비롯된 고통에서 벗어나려고 필사적으로 애를 쓴다. 문제는 수치심과 싸우면 싸울수록 오히려 거기에 더욱 매몰된다는 점이다. 수치심과 씨름할수록 영향력은 더욱 커지며, 없애려고 애쓸수록 통제력을 발휘한다. 이게 바로 수치심과 전쟁을 선포하면 안 되는 가장 중요한 이유다.

행운을 끌어당기는 두 번째 비밀이 나만의 장벽을 허무는 접근법에 변화를 주어야 한다는 점이었다면, 세 번째 비밀은 수치심에 대한 접근법에 변화를 주어야 한다는 것이다. 그러니까 수치심이 있다는 사실을 인정하고, 그것을 없애려는 노력을 그만두어야 한다.

하지만 내버려두는 것에서 멈추면 안 된다. 수치심을 운을 끌어당기는 또 다른 힘으로 바꾸어야 한다. 이게 바로 수치심을 없애면 안 되는 두 번째 이유다. 앞서 내가 그랬던 것처럼 당신은 수치심이 차지했던 내면의 영역을 행운을 부르는 데 이용할 수 있다. 자, 그럼 이제부터 그 방법을 배워보자.

수치심을 행운으로 바꾸는 법

나의 몸과 마음을 수치심의 영향력에서 벗어나게 해줄 신체적인 활동을 해보도록 하겠다. 집중력이 필요한 일인 만큼 온전히 집중할 수 있는 시간에 편안하게 앉아 임하는 것이 가장 좋다.

1. 신체에 집중하기

우선 두 눈을 감고 심호흡을 몇 번 한 후, 내 몸에 느껴지는 모든 감각에 집중한다. 편안한 상태에서 주의를 집중하며 내면에 존재하는 어떤 수치심이라도 떠올려본다. 그 당시 내 기분이 어땠는지, 왜 수치스럽다고 느꼈는지 그 이유에 대해 떠올리지 말고, 그저 온몸에서 느껴지는 감각에만 집중해본다. 아마 마음에 끊임없이 흘러들어오는 생각처럼 수치심은 저절로 당신에게 흘러들어올 것이다. 당신은 그 수치심 때문에 부담을 느껴왔고 그것이 사라지기를 바라왔겠지만, 어쨌든 수치심은 늘 당신과 함께 해왔다.

2. 편안한 마음으로 수치심 들여다보기

다시 심호흡을 하고 수치심이 신체의 다양한 부위 중 어느 곳에서 느껴지는지 그 감각에 집중해보자. 가령, 나처럼 어린 시절 매를 맞는 동안 수치심을 느꼈다면 허리에서부터 다리까지 즉 엉덩이, 허벅지, 종아리에서 느껴질 수 있다. 아니면 가슴이나 배일 수도 있고 손이나 얼굴일 수도 있다. 이때 정확히 어느 부위에서 느끼는지 여부는 중요하지 않다. 또한 지금 이 순간 어떠한 신체적인 감각이 느껴지지 않는다면 과거에 경험했던 느낌을 떠올려도 좋다. 중요한 것은 신체와 연결되어 있다는 사실이다. 이것이 수치심의 심리적 요소로 들어가는 방법이기 때문이다.

3. 몸의 감각을 느껴보기

신체에 느껴지는 긴장감이나 저릿함 혹은 다른 감각이 있는지 주의를 기울여본다. 그런 다음 심호흡을 세 번 정도 한 뒤, 저마다 다른 감각을 느껴본다. 이 과정은 약 15초에서 20초가 걸린다. 많은 사람들이 수치심으로부터 쉽게 벗어나지 못하는 이유는 이 감정을 깊이 있게 느끼려고 하지 않기 때문이다. 그러니 수치심에 기꺼이 주의를 기울이고 그 감정을 충분히 느낀다면, 우리의 내면은 자연히 불쾌한 감정을 내보낸다.

4. 상상하기

자, 이제 내면에는 불쾌한 감정이 사라지고 빈 공간이 남았다. 크기가 어떠하든지 간에 그 공간이 빛으로 가득 차 있다고 상상해보자. 마치 흙탕물이 담겨 있던 유리

잔을 비우고 대신 그 안에 맑고 투명한 물을 집어넣는 것처럼 말이다.

심호흡을 여러 번 하면서 이 과정을 되풀이한다. 몸의 어느 부위에서 수치심을 발견했든, 부정적인 감정으로 가득 찼던 그 공간이 빛으로 채워질 때까지 그 감각을 온전히 느껴본다. 원인 모를 갑갑함과 중압감이 서서히 풀리는 것이 느껴지는가? 내면의 공간이 새로운 빛으로 환하게 빛나고 있는가? 그렇다면 행운을 끌어당기는 자석이 당신 안에 생긴 것이다. 이 내면의 자석은 돈과 건강, 사랑, 명예 등 외부의 풍요로움을 끌어들이는 힘을 지닌다. 그러므로 이 풍요로움을 호흡하듯 들이마셔서 몸 안으로 수용하자.

5. 사랑하는 대상을 떠올려보기

마지막 단계는 수치심과 반대되는 개념인 '자기애'를 자신에게 불어넣는 일이다. 배우자, 자녀, 부모님, 친구, 반려동물 등 자신이 인생에서 마음 깊이 사랑하는 대상을 떠올려보고, 그에 대한 사랑을 마음으로 느껴보자. 그런 다음 다시 크게 심호흡을 하고 이제 사랑하는 사람에서 방향을 돌려 자신에게 초점을 맞춘다. 사랑의 물결을 자신에게로 돌리고, 흠뻑 젖을 만큼 내 안에 물결이 흐르게 한다. 사랑이 온전히 스며들 때까지 말이다.

6. 천천히 눈을 뜨고 일상으로 돌아가기

다 마쳤다는 생각이 들면 심호흡을 몇 번 한 후, 눈을 계속 감은 채로 몸을 천천히 움직이기 시작한다. 손가락과 발가락을 꼼지락거리고, 목을 부드럽게 돌리고, 팔과 다리를 스트레칭 해본다. 이제 준비가 되었다면 눈을 천천히 뜬다. 시간이 조금 지나면 다시 일상 활동으로 돌아간다.

그동안 수치심으로 가득 차 있던 내면의 공간은 이제 행운과 풍요로움이 자유롭게 흘러들어오는 열린 공간이 되었다. 다시 말해, 이제 당신에게는 인생을 위한 새로운 규칙을 만들어낼 힘이 생겼다는 뜻이다. 기억하라. 당신은 '행운'을 선택할 수 있다.

네 번째 비밀

행운이 좋아할 만한 목표를 가져라

행운은 진정한 전사에게
주어지는 특권이다.

R. A. 살바토레R. A. Salvatore의 《하플링의 보석》 중에서

행운을 의식적으로 끌어들이는 네 번째 비밀은 '목표'
다. 흔히 사람들은 목표가 행운을 끌어당긴다고 생각하지
못한다. 하지만 목표는 행운과 상당히 중요한 관계에 있
다. 행운이 유독 좋아하고 따르는 목표는 따로 있기 때문
이다.

그래서 어떤 목표를 설정하느냐에 따라 행운이 저절
로 찾아올 수도 있고, 이와 반대로 손안에 있던 행운이 도
망갈 수도 있다. 이번 장에서는 행운을 불러일으키는 목
표란 무엇인지에 대해 이야기해보겠다.

행운을 바란다면 반드시 해야 할 질문

당신은 인생에서 더 많은 행운을 바라기 때문에 이 책을 읽고 있을 것이다. 그렇다면 당신이 원하는 행운이 무엇을 달성하는 데 도움이 되기를 바라는가? 이것이 바로 맨 처음 자문해야 할 질문이다.

'만일 내가 정말 운이 좋다면, 현재 하고 있지 않지만 앞으로 하고 싶은 일은 무엇인가? 그리고 지금 당장 내게 없지만 갖고 싶은 것은 무엇인가?' 가령, 다음과 같이 대답할 수 있다.

- 만일 내가 운이 좋다면 고소득 전문가로서 억대 수입을 올릴 것이다.
- 만일 내가 운이 좋다면 해안가의 전망 좋은 주택에서 살 것이다.
- 만일 내가 운이 좋다면 내 이상형과 행복하게 살 것이다.
- 만일 내가 운이 좋다면 고아원에 기부를 할 것이다.

위의 예시에는 네 가지 목표가 있다. 바로 많은 수입을 올리는 생활, 전망 좋은 집, 멋진 상대와의 사랑, 가치 있는 일에 기부하기다.

나의 목표를 정하는 사람은 누구인가? 다름 아닌 나 자신이다. 하지만 목표에 행운을 끌어당기는 힘을 더욱 강화하려면 행운이 깃들 만한 가치가 있는 목표를 선택해야 한다. 다시 말해, 목표가 다음과 같아야 한다는 뜻이다.

- 자신에게 깊은 의미가 있다.
- 자신을 활기차게 만들고 가장 좋아하는 일을 하게 만드는 원동력이 된다.
- 자신이나 다른 사람에게 모두 유익하다.

자신의 진정한 목표가 '해야 할 일 목록'이 아니라는 점을 기억해야 한다. 해야 할 일 목록은 일반적으로 우선 처리해야 할 일들로, 인생에서 달성하고 싶은 중요한 장기 목표들은 여기에 포함되지 않는다.

많은 사람들은 정작 자신이 하고 싶은 일들을 망각한 채 일상적인 일처럼 '급한 불을 끄는 데' 모든 에너지를 쏟는다. 하지만 자신의 진정한 목표에 초점을 맞추면 내가 해야 할 기여, 배워야 할 교훈, 계발하고 공유해야 할 재능, 마음이 갈망하는 특별한 경험 등을 생각하게 된다.

의식적으로 끌어들이는 행운의 기반을 완성하려면 운의 도움을 받아 달성하고 싶은 목표를 명확히 해야 한다. 필요하다면 목표를 좀 더 행운이 깃들 만한 가치가 있는 목표로 바꿀 수 있어야 한다. 그렇다면 이제 우선순위에 놓을 최소 세 가지의 목표를 신중하게 선택하고 아래에 써보자.

- 첫 번째 목표:
- 두 번째 목표:
- 세 번째 목표:

목표가 더 많은 것은 상관없지만 적어도 세 가지는 선택하는 편이 좋다. 다 썼다면 이제 당신의 목표에 의식적으로 행운을 끌어들이는 요소가 담겨 있는지 살펴보자.

당신이 진정으로 원하는 것은 무엇인가

행운이 따르는 목표의 첫 번째 요건은 그 목표가 자신에게 깊은 의미가 있어야 한다는 점이다. 이를 위해서는 자신이 인생에서 진정으로 원하는 것이 무엇인지를 진지하게 생각해야 한다.

자신이 무엇을 원하는지 잘 모르는 사람들이 의외로 많다. 흔히 사람들은 "무엇을 원하세요?"라는 질문을 받으면 '많은 돈'이나 '시간'이라고 답한다. 마치 이것 자체가 궁극적인 목적이라는 듯 말이다.

그런데 우리가 원하는 것은 돈이나 시간 그 자체가 아니라 돈과 시간이 있을 때 우리가 '할 수 있는 일'이다. 그러므로 당신이 쓴 목표에 더 많은 돈과 시간이 적혀 있다면, 다음 단계에서 이렇게 자문해보라. '만일 내게 더 많은 돈과 시간이 주어진다면 나는 무엇을 하고 싶은가?'

여행을 할 것인가? 배우자나 자녀나 연로한 부모님과 더 많은 시간을 보낼 것인가? 동물 보호소를 열 것인가, 아니면 어려운 사람들을 돕는 일을 하겠는가? 훌륭한 소설을 쓰겠는가? 사실 사람들은 자신에게 의미 있는 것을 추구하기 위해 돈이나 시간을(혹은 두 가지 다) 원하는 것이다.

자기 발견의 수준을 좀 더 높이고 싶다면 이번에는 이렇게 자문해보라. '만일 내가 가질 수 있는 모든 돈과 시간이 주어진다면 나는 무엇을 할 것인가?'

곰곰이 생각해보고 떠오른 생각을 종이에 적어보자. 심각하게 고민할 필요는 없다. 그저 내면에서 나온 자연스러운 생각을 적으면 된다. 혹시 잘 떠오르지 않는다면 생각을 잠시 덮어두고, 다음 날 또는 이틀 동안 이 질문을 계속 생각하고 답을 찾아보자.

이 질문에 답을 찾으면 내면 가장 깊이 자리한 동기, 열정, 이상을 확인하는 데 도움이 되고 내가 진정으로 바라는 목표를 알 수 있다. 진정한 목표란 행운이 찾아올 좋은 이유가 담긴 목표다.

행운을 끌어들이는 마음 명상

행운이 따르는 목표의 두 번째 요건은 이 목표가 당신을 활기차게 해줄 만큼 가장 하고 싶은 일이어야 한다

1부 운이 좋다고 믿어야 운이 좋아진다

는 점이다.

자신이 원하는 목표가 과연 진짜 하고 싶은 일인지 알 수 있는 방법을 소개하겠다. 바로 '행운을 끌어들이는 마음 명상'이다. 이 명상을 하면 자신의 목표가 마음속에서 울려 퍼지는 것을 경험할 수 있다. 또한 다른 사람이 당신에게 좋은 목표라고 했을지 모르나 내밀한 자의식과 맞지 않는 일종의 '필수' 목표를 구분하는 데 도움이 된다.

- 우선 자신이 쓴 목표들을 잠시 살펴본다.
- 이어서 방해받지 않을 장소에서 편안하게 앉는다. 두 눈을 감고 숨을 천천히 깊게 들이쉬고 내쉬는 것을 세 번 반복한다.
- 이제 목록에 있는 첫 번째 목표를 마음속으로 말한다. 돌멩이를 연못에 툭 던지듯 이 문장을 고요한 내면세계에 떨어뜨리고 몸속에 울려 퍼지는 진동을 느껴본다. 이러한 진동이 심장 부위에서 어떻게 느껴지는지 각별한 주의를 기울인다.
- 가슴에서 두근거림이 느껴지는가? 웃고 싶어지는가? 흥분된 기분이 드는가? 결과적으로 당신의 목표가 활기를 불어넣는가? 그렇지 않다면 이 목표는 행운을 끌어당기지 못할 것이므로, 몸 전체에서 기분 좋은 반응이 느껴질 때까지 목표를 조정해보길 바란

다. 그렇게 할 수 없다면 일단 넘어가고, 다음 목표로 이 과정을 적용해본다.

- 자신이 쓴 모든 목표에 대해 이 과정을 반복한다. 그리고 이 테스트를 통과한 목표에 주목한다.

- 이와 비슷한 과정을 이용하여 목표들의 우선순위를 매길 수 있다. 다시 목표들을 살펴보면서 어떤 것이 가장 가슴에 울림을 주는지 주목한다. 그 목표를 인생의 우선순위로 삼는다. 이는 아무리 바쁘더라도 매일 그 목표에 다가서게 하는 할 일 목록에서 적어도 한 가지는 완수해야 한다는 것을 의미한다.

이 명상은 단순해 보이지만 목표에 대한 감정을 확인하는 효과적인 방법이다. 마음과 심장이 함께 당신의 목표를 지지한다면 행운이 반드시 당신을 도울 것이다.

행운이 좋아하는 목표는 따로 있다

우리는 선행하기 위해 이 세상에 존재한다고 믿는다.

– 아먼드 해머Armand Hammer, 기업가, 의사

행운이 따르는 목표의 세 번째 요건은 목표가 자신과 타인에게 유익해야 한다는 것이다. 순전히 자신의 이익만을 위한 목표는 아쉽게도 큰 행운을 끌어당길 수 없다.

목표를 이루었을 때 발생하는 긍정적인 효과가 자신을 넘어서 주위로 퍼질 때, 운은 더 크고 보이지 않는 힘의 흐름 속에 놓이게 된다. 이것을 '우주의 자연스러운 질서를 지탱하는 힘'이라고 말한다.

다윈의 주장 역시 이 말을 증명해 보인다. 우리에게 흔히 알려진 '적자생존'은 놀랍게도 다윈이 만든 말이 아니다. 그런데도 무려 1세기가 넘도록 타인과의 경쟁에서 이기는 것이 가장 효과적인 생존 전략이라는 주장을 정당화하는 데 쓰였다.

사실 다윈은 인생 후반부에 쓴 그의 책《인간의 유래》에서 친절하고 연민이 강한 사람일수록 자연의 선택을 받는 데 유리하다고 밝혔다. 그런 사람들이 모일 때 서로 화합하고 지지하는 공동체가 만들어지고, 이러한 공동체가 번영할 가능성이 높다는 것이 그의 주장이다. 이처럼 '가장 친절한 자의 생존'은 다윈의 철학은 물론 나아가 더 큰 의미에서는 우주가 돌아가는 원리를 명확하게 설명해준다.

다시 말해, 당신의 목표가 우주가 원하는 이타심에 충족될 때 비로소 우주로부터 그 대가를 받을 자격이 생긴다는 뜻이다(이는 '오는 정이 있어야 가는 정이 있다'는 원리와 같다). 그러면 당신을 향한 우주의 온갖 '우연의 일치'와 예상치 못한 지원이 선물처럼 찾아온다. 이러한 현상을 '우주가 윙크한다'라고 표현한다.

시카고에 본사를 둔 스포츠 에이전트 대니얼 포네먼 Daniel Poneman은 우주로부터 눈부신 윙크를 받았던 일화를 우리에게 말해주었다.

> 저는 농구를 정말 좋아했어요. 농구를 직접 하고, 경기를 관람하고, 농구에 대해 이야기하는 것까지요. 열네 살에는 블로그도 시작해서 시카고뿐만 아니라 다른 지역의 모든 고등학교 선수들의 경기를 분석한 글을 게시했어요. 이후 2년이 조금 지났을 무렵, 전국 각지의 수많은 대학 농구팀 코치들이 제 블로그를 보고 찾아와 자신들이 영입하려는 선수들에 대해 물어봤어요. 그 일을 계기로 생각을 했어요.

'프로 선수가 될 가능성이 없고 대학 갈 기회가 없을지도 모르는 어린 선수들이 주니어 농구 협회, 디비전2(디비전은 지역별 팀 군을 말한다 – 역주), 작은 대학의 장학금을 받도록 내가 도울 수 있지 않을까?'

그래서 대학에 소속된 코치들이 와서 별로 알려지지 않은 선수들을 볼 수 있도록 공개 행사를 기획했어요.

결과는 대성공이었어요. 행사 이후 많은 도심 빈민 지역 출신의 학생들이 전국 각지의 대학에 들어갔거든요. 더군다나 그 졸업생 중 많은 이가 코치, 교사, 멘토로 그들의 지역사회에 복귀했어요. 아주 잘된 일이죠.

저는 이 일이 좋았지만 저도 먹고살 돈을 벌어야 했기에 직업이 필요했어요. 그런데 내가 무얼 하고 싶은지 잘 모르겠더라고요. 그러던 차에 제가 도움을 주었던 몇 선수가 프로 선수가 되어 저한테 에이전트 자리를 제안했는데, 딱히 내키진 않았지만 마땅한 일도 없어 스포츠 에이전트가 되었어요.

문제는 제가 경쟁적이고 살벌한 그 업계에 잘 맞는 사람이 아니라는 점이었죠. 해결책은 제가 에이전시를 차리는 건데 그건 불가능했어요. 수중에 있는 돈보다 훨씬 더 많은 돈이 필요했으니까요. 그냥 포기해야겠다고 생각했죠. 그런데 놀라운 일이 일어났어요. 우연히 소개받은 한 부유한 투자자가 제가 하는 비영리적인 일을 지원하고 싶다고 했어요. 우선 그는 제가 지인들과 제작하던, 시카고 농구 선수들을 다룬 〈어둠 속의 숯〉이란 제목의 다큐멘터리에 투자를 했어요. 나중에는 제 에이전시를 차리는 데에도 투자를 해줬고요.

〈어둠 속의 숯〉은 엄청난 성공을 거두었고 현재 제 에이전시도 잘 되고 있어요. 저도 제가 운이 좋았다는 걸 알아요. 하지만 아무런 대가도 기대하지 않고 사람들을 돕는 일에 나섰던 일이 어떻게든 나한테 되돌아온 것이라고 믿어요.

이타심의 힘을 이용하라

물론 우주가 개인을 돕는 데 관심이 있다는 말에 동의하지 않을 수도 있다. 하지만 이타심을 지닌 목표를 세우는 것은 행운을 만들어내는 데 유용하다.

1부 운이 좋다고 믿어야 운이 좋아진다

최근에 긍정심리학 분야에서 실시된 연구결과를 보면, 인간의 뇌에는 남을 돕고 싶은 바람, 배려, 협력의 본능이 생리적으로 새겨져 있다는 사실이 새롭게 밝혀졌다. 뇌 기능을 첨단 영상 기술로 관찰했더니 주변 사람들에게 베풀 때 쾌락 중추(디저트를 먹거나 돈을 받을 때 반응하는 뇌 부위)가 활성화된 것이다. 따라서 우리는 원하는 목표를 달성하는 데 이타심을 이용할 수 있다.

《영혼을 위한 닭고기 수프》의 공저자인 잭 캔필드Jack Canfield는 자신의 워크숍에서 있었던 흥미로운 사례를 내게 들려준 적이 있다. 당시 그는 참석자 중 한 여성에게 앞으로 나와 달라고 요청한 뒤 양팔을 쭉 뻗게 했다. 이어서 그녀에게 자신이 원하는 목표를 머릿속에 떠올려보되 이것을 이루었을 때 내가 누릴 수 있는 이익에만 초점을 맞춰보라고 말했다.

잠시 후 잭은 '근육 테스트'(인간의 심리적 과정과 신경 및 면역 체계 사이의 상호작용을 연구하는 '정신신경면역학'을 기반으로 한다)라 불리는 응용운동학 기법을 이용하여 이 여성의 쭉 뻗은 팔을 아래로 눌렀다. 이러한 생각이 그녀의 팔 근육을 강화시켰는지 약화시켰는지 알아보기 위해

서였다. 그녀의 팔에는 힘이 없었다.

　이번에 잭은 똑같은 목표 달성이 그녀의 삶에 존재하는 다른 사람들에게 어떤 이익이 될지에 초점을 맞춰 생각해보라고 요청했다. 이번에 잭이 그녀의 팔을 눌렀을 땐 팔이 아주 단단했다.

　반면에 그녀가 목표 달성으로 이룰 수 있는 더 광범위한 이점을 생각하자 목표는 똑같았지만 더 많은 힘과 기운이 생겼다. 잭은 이후에도 많은 사람을 대상으로 이와 똑같은 과정을 실시했다. 결과는 항상 같았다.

　물론 그렇다고 해서 내일부터 당장 마더 테레사처럼 행동하거나 평화봉사단에 가입할 필요는 없다. 목표가 무엇이든지 간에 그 목표에서 이타적인 측면을 확인하고 거기에 초점을 맞추기만 해도 된다.

　당신의 목표 가운데 하나가 테슬라 자동차를 구입하는 것이라고 가정해보자. 이때 당신이 테슬라 자동차를 소유함으로써 당신이 누리는 이점에만(디자인이 근사한 이 차를 몰면 폼 나게 보이겠지, 이제 주유소에 가지 않아도 되겠지, 세금 공제를 많이 받겠지 등) 초점을 맞춘다고 해보자. 이는 탄소 배출 감소, 가족을 위한 더 안전한 차, 자녀와 지역 사회에 대한 자신의 신념에 부합하는 행동 등 테슬라를 소유함으로써 타인에게도 끼칠 이점에 초점을 맞추는 것만큼 힘을 불어넣거나 행운을 끌어당기지 못한다.

따라서 타인에게 도움이 되겠다는 의도를 품고 자신을 위해 어떤 일을 하면 목표를 달성할 수 있는 정신적, 감정적, 신체적 능력이 강화된다. 행운의 추월차선으로 진입하는 것이다.

행운이 따르는 목표를 실행한다는 것

사람이 자기 꿈의 방향으로 자신 있게 나아가며 자신이 꿈꿔온 인생을 살기 위해 노력한다면 보통 때는 생각지도 못한 성공을 만나게 될 것이다.

- 헨리 데이비드 소로Henry David Thoreau

최근에 헨드릭스 재단에서 시행된 연수에 참여한 사람 중 인상적인 여성이 있었다. 바로 케이티 앤더슨Kaite Anderson이다. 자신이 운영하는 회사의 CEO인 케이티는 사회적 영향 부문에서 리더십을 발휘하며 국내외의 인정을 받아왔다. 그녀의 이야기에는 행운이 따르는 목표의 세 가지 기준과, 그것이 어떻게 성공을 이끌어냈는지가 잘 드러나 있다.

저는 살면서 '운이 좋다'는 소리를 자주 들었지만 그 말이 마음에 들지 않았어요. 제 모든 노력을 무시하는 것처럼 느껴졌거든요. 행운이란 일하지 않아도 공짜로 주어지는 것이란 생각이 강했기 때문이죠. 하지만 지난 몇 년 동안 알게 된 사실이 있어요. 모두에게 도움이 되는 성과를 달성하기 위해서 내면 깊이 존재하는 창의력을 끌어내 일하면 불가능해 보이는 일도 마법처럼 충분히 가능하다는 사실을요. 큰 행운이 늘 저를 따라다니고 있고, 저는 그 행운을 기꺼이 받아들이죠.

저는 가족 중 처음으로 대학에 갔어요. 의사나 변호사가 되고 싶었죠. 명예롭고 당당한 존재가 되고 싶었거든요. 결국 의사가 되기로 결정하고 생물의학을 전공했어요. 하지만 3학년이 되자 불안해지기 시작했어요. 앞으로 10년의 시간을 의료 훈련을 받으며 보내고 싶지 않았거든요.

1부 운이 좋다고 믿어야 운이 좋아진다

온전히 나 자신을 위한 삶을 살고 싶었죠.

그러던 중 나폴레온 힐Napoleon Hill의 《놓치고 싶지 않은 나의 꿈 나의 인생》을 읽기 시작했고, 그 책에서 '창업가 entrepreneur'라는 용어를 처음 접했어요. 그 순간이 아직도 생생히 기억나요. 그때 저는 이런 생각을 했어요.

'잠깐, 내 인생에서 원하는 모든 것을 내가 직접 만들어 낼 수 있다고?'

이후 저는 남들이 가지 않은 나만의 진로를 개척해야겠다는 열정이 생겼고 창업가라는 꿈을 품었어요. 그때부터 저만의 창의력을 활용해 꿈을 이루기 위한 모든 에너지를 쏟아 부었죠.

졸업 후 한동안 부동산 투자 전문가로 일했어요. 그 일은 투자를 배우면서 준비하는 데 완벽했고 돈까지 벌 수 있었어요. 이후 몇 년 동안 절약하며 살면서 돈을 아끼는 요령도 터득했어요. 학자금 대출과 카드빚이 있었지만 수입이 빠듯해서 상환을 많이 하진 못했어요.

어느 날, 저녁 외식을 하는데 옆 테이블에 저도 모르게 눈길이 가더군요. 그 테이블에 있던 두 사람에게 광채가 나고 왠지 모를 특별한 기운이 느껴졌어요. 어쩌다가 두 사람과 대화를 했는데 그들은 자선기금을 모으기 위해 철인 3종 경기에 나가고 싶다고 말해주더군요. 저는 그 경기에 대해 들은 적은 있지만 나가볼 생각은 전혀 해보지 않았죠. 그런데 그 이야기를 듣자 순간적으로 끌렸고, 다음 날 저는 생애 처음으로 림프종과 백혈병 연구를 위한 기금을 모으기 위한 경기에 신청했어요. 바로 그때부터 제 삶이 확장되기 시작했어요. 저는 제가 몰랐던 커다란 세계가 내 안에 존재하는 걸 느꼈어요. 저 자신, 제 직업, 그리고 제 돈보다 훨씬 더 큰 세계 말이죠.

저는 그저 타인을 도우려는 마음으로 철인 3종 경기에 참가하기 위해 훈련하는 대단한 사람들을 만났어요. 암을 이겨낸 사람들, 암과 사투하는 가족을 둔 사람들이었죠. 그 모습에 정말 고무되었고 기금 마련을 위해 경기에 참가하는 것을 내 삶의 일부로 만들겠다는 결심을 굳히게 되었어요.

철인 3종 경기에 참가하면서 제 이력에 중요한 역할을 하게 될 사람들도 만났어요. 우선, 같이 참가한 존이 있었죠. 수자원 보전 전문 회사를 운영하던 존은 제가 살던 휴스턴 근처에서 사업을 확장하고 싶어 했어요. 그는 제게 영업직을 권하더라고요. 제가 그 업계를 조사해 보니 가능성이 활짝 열린 시장이었어요. 하지만 저는 직원이 아닌 창업가가 되고 싶었기에 수수료를 받는 프리랜서로 일하겠다고 했죠. 다행이 존도 흔쾌히 동의해주었어요.

우리의 목표 시장은 큰 아파트 단지였어요. 간단한 보수 작업과 시공으로 물 사용량과 수도비를 상당히 줄이게 해주었고 미래의 수도 요금 절감액의 일정 비율을 벌어들일 수 있었어요.

저는 우리가 하는 일의 가치를 믿었고 앞으로 사업이 수월할 거라고 생각했어요. 그 사업 모델의 세 가지 이점이 마음에 들었어요. 지구의 가장 소중한 자원인 물을 보전하고, 집주인들의 돈을 아껴주고, 회사도 수익을 거둔다는 이점이 그것이죠.

하지만 4개월이 지나도록 저는 단 한 건의 계약도 성사시키지 못했어요. 통장 잔고가 400달러뿐이었지만 포기하진 않았어요. 앞으로 잘 될 거라고 생각했죠. 만일 상황이 여의치 않으면 낮에는 영업만 하고 밤에는 바텐더 일을 하기로 결심했어요. 무슨 일이 있어도 해내겠다고 작정했어요. 포기하고 싶지 않았거든요.

그러고 나서 이틀 후, 드디어 첫 계약을 따냈어요. 제게 10퍼센트 수수료가 주어지는 4만 5000달러의 계약이었죠. 2주 후에는 25만 달러짜리 계약을 따냈어요. 향후 4년 동안 영업 실적 우수자가 되어 꾸준히 억대 수입을 올렸어요.

억대 수입에도 불구하고 계속 알뜰하게 생활하여 모든 빚을 청산했고 7만 5000달러를 모아두기까지 했어요. 그러다가 3년 만에 수입이 깎였어요. 동료들은 제가 '너무 많은 돈을 번다'고 하더군요. 기분이 좋진 않았지만 어쨌든 많은 돈을 벌고 있었으니 계속 그 일을 했죠. 그러다 1년 후 수입이 다시 깎였어요. "사장보다 더 많은 돈을 벌 순 없다"는 인사팀 직원의 말이 그 이유를 짐작하게 했죠. 하지만 저는 그 순간이야말로 우주가 제 인생에 불을 지폈다고 말하고 싶어요. 이제 변화를 주어야 할 때라는 확신이 들었고, 과감히 사직서를 제출했죠.

이후 몇 달 동안 많은 사람들이 제게 전화를 걸어 일자리나 동업이나 창업을 권했어요. 귀가 솔깃했지만 어떤 제안도 받아들일 수 없었는데 나중에 그 이유를 알게 되었어요. 1~2년 후나 10년 후에 같은 갈림길로 되돌아갈 거라는 걸 깨달았던 거예요. 누군가 저를 마음대로 휘두르거나 제 아이디어와 수입을 제한하려 드는 상황으로 돌아갈 거라는 걸 말이죠. 저는 제 미래를 온전히 스스로 통제하고 싶었어요.

제안들을 거절하고 다음 단계를 곰곰이 생각해봤어요. 수자원 보전 사업에 마음이 끌렸고 나름의 아이디어도 있었지만 정확히 어떻게 해야 할지는 모르겠더라고요. 어느 날 밤 한 친구와 전화 통화를 했어요. 그 친구는 제 말에 귀를 기울이며 몇 번 방안을 제시하려 애를 쓰더라고요. 그러다가 제 말에 끼어들며 이렇게 묻더군요.

"케이티, 그냥 네가 직접 회사를 창업해보지 그래?"

저는 잠시 그 질문을 진지하게 생각해보았어요. 그리고 생길 수 있는 모든 가능성을 상상해보았죠. 실패로 인한 금전적 손실, 다시 시작해야 하는 경우 등 최악의 상황에서 대단한 부와 명예를 거머쥐는 완벽한 성공까지 생각해봤어요. 그 중간 지점의 모든 가능성도 생각해봤고요. 제 결정에서 비롯될 모든 결과를 온전히 받아들이자 심장이 뛰었어요. 저는 대답했어요.

"그래, 그거야!"

제 회사의 이름을 생각하며 그다음 주를 보냈어요. 친구들과 가족에게도 의견을 구했는데 적절하다고 느껴지는 것이 없더라고요. 그러다 문득 나 자신에게 물었어요.

'지금 나는 무얼 하고 있지?'

답은 명확했어요.

'수자원을 아끼기 위한 회사를 차리고 있어!'

그러자 불현듯 세이브 워터 컴퍼니Save Water Co라는 이름이 떠올랐어요. URL도 사용 가능했죠. 내면의 목소리에 귀를 기울인 첫 경험이었어요.

저는 곧장 대학 남자 동기 두 명에게 전화를 걸었어요. 미혼인 두 친구는 수자원 보전과 배관 공사와 전혀 관련이 없는 분야에서 경력을 쌓고 있었죠. 그들에게 제가 차린 회사에서 일을 할 의향이 있는지 물었어요(물론 그들이 박봉을 받으려고 너무 애쓰며 일하고 있다는 말도 해주었죠). 놀랍게도 두 사람 모두 동의하더군요.

내세울 만한 실적이 없었기에 저는 첫 실적을 위해 한 아파트 단지의 소유주에게 접근했어요. 그리고 수도 요금 절감액의 절반만 준다면 그 작업을 무료로 해주겠다고 제안했어요. 그가 흔쾌히 동의했고, 바로 다음 주 월요일부터 시작해서 218세대를 보수하고 구형 장치를 바꾸는 데 2주가 걸렸어요. 비상금 7만 5000달러의 대부분을 그 작업에 쓰기로 계획했어요.

그때까지 저는 영업 일은 해보았지만 직접 몸을 써서 누수를 고치고 샤워 꼭지와 변기를 교체하는 일을 전혀 해본 적이 없었어요. 세이브 워터 컴퍼니의 첫 직원이자 유일한 직원인 내 친구 두 명도 마찬가지였고요. 그 주에 우리는 제 아버지를 통해 배관 작업을 하는 방법을 힘들게 배웠어요. 부모님 댁 안방에 딸린 욕조를 분해했다가 다시 조립하는 과정을 통해 그 방법을 터득한 거죠.

월요일 아침에 제가 다음 계약을 따내기 위해 영업하고 있을 때 두 친구가 계약 건 작업을 하려고 나타났어요. 두 친구가 일을 습득하는 속도는 놀랄 만큼 빨랐어요. 첫날엔 한 집밖에 못 끝내서 217세대가 남은 상태였어요. 둘째 날엔 세 집을 작업했는데 정말 착잡하더라고요. 이 속도라면 제때 작업을 마칠 수 없는 게 뻔했거든요. 저도 팔을 걷어붙이고 도와야 했어요. 그래서 남은 12일 동안 셋이서 일했어요. 고되긴 했지만 계속하다 보니 속도가 훨씬 빨라졌고, 결국 마감 시간 5분 전에 마지막 집까지 마무리를 했어요. 그 공사는 굉장한 성공을 거두었어요. 아파트 단지의 다음 달 수도 요금이 44퍼센트나 절약되었거든요!

하지만 여전히 회사는 어려워서 당장 금전적 자금이 더 필요했어요. 그때 제가 자선 활동을 할 때 만났던 은행원이 떠올랐어요. 5년 전에 그는 제게 이런 말을 했어요.

"케이티 씨는 언젠가 회사를 차려 CEO가 될 겁니다."

그 사람에게 전화를 걸었어요. 서로 인사를 나눈 후에 제가 말했죠.

"음, 그때 하셨던 말이 맞았네요! 현재 저는 제 회사의 CEO거든요. 언제 한번 만나서 대출에 대한 얘기를 좀 할 수 있을까요?"

그는 세이브 워터 컴퍼니보다 훨씬 규모가 큰 기업들과 거래했기 때문에 작은 업체를 전문으로 상대하는 직원을 연결해주었어요. 저는 그 직원을 만나 한 시간 반 동안 얘기를 나누며 제가 하는 일을 설명했어요. 그는 제 배후 사정과 이력에 대해 질문했고 이어서 이렇게 물었어요.

"담보로 내놓을 수 있는 자산을 갖고 계신가요?"

있을 리 만무했죠. 그는 제 사업 계획을 물었어요.

"사업 계획이오? 그런 건 잘 몰라요."

이렇게 답하자마자 스스로도 가슴이 철렁 내려앉는 기분이 들었어요.

그가 잠시 아무 말 없이 저를 뜯어보더니 컴퓨터로 시선을 돌리고 키보드에 숫자를 입력했어요. 그러고는 다시 저를 보며 말했어요.

"25만 달러 대출이 가능하네요. 그거면 되나요?"

저는 환하게 웃으며 "그럼요!"라고 답했죠.

제가 두 친구에게 대출받은 얘기를 해주자 못 믿겠다는 듯 "말도 안 돼!"라는 반응을 보였어요. 바로 그때 행운을 바라보는 제 관점이 바뀌기 시작했어요. 일반적인 기준으로 볼 때 저는 대출받을 자격이 안 되었어요. 하지만 그 은행원이 기회를 줄 가치가 있는 뭔가를 본 게 분명해요. 그런데 한 가지 작은 문제가 있었어요. 그 대출을 받으려면 대출금의 20퍼센트인 5만 달러가 담보로 있어야 했는데 저한텐 그런 돈이 없었어요. 하지만 제 행운이 지켜줄거라고 믿었어요. 며칠 후 한 고객과 두 건의 유료 계약을 체결했는데 그 고객이 4만 9700 달러의 계약금을 제

계좌에 직접 입금했지 뭐예요. 대출 담보가 해결되었으니 정말 잘된 일이었죠.

4년이 지난 지금 빚은 전혀 없어요. 현재 직원이 37명이고 올해 청구액이 700만 달러 이상일 것으로 예상하고 있어요. 2015년에는 〈포브스〉 선정 '영향력 있는 30세 이하 리더 30인'에 제가 선정되었고 2017년에 '카르티에 여성 창업 어워드Cartier Women's Initiative Award'를 받았어요. 전 세계에서 그 상을 받은 70명의 여성 중 한 명이 된 거죠. 저는 어떤 결정을 내릴 때마다 이렇게 스스로 묻고 답해요. '어떻게 하면 이것이 모두에게 이익이 될까?'

여기에는 고객, 회사, 직원, 지역사회, 환경이 포함돼요. 이 모두를 생각하며 문제를 해결하려면 엄청난 상상력과 고정관념을 깨는 사고가 필요해요. 저는 지금까지 거의 100퍼센트 성공했다고 말할 수 있어서 기쁩니다. 이제 돈을 많이 버는 것에 대해 걱정하지 않아요. 저에게 있어서 부는 그저 능력에 따라 자연스럽게 따라오는 부산물에 불과하거든요. 행운이오? 당연히 얼마든지 반기죠! 저는 앞으로도 계속 가장 운 좋은 사람이 되려고 기꺼이 노력할 거예요.

자신의 운을 의식적으로 바꾸려면 바쁜 일상에서 시간을 내어 자신의 목표와 목적을 명확하게 생각하는 것이 중요하다. 이것이 행운을 끌어당기는 네 번째 비밀이다. 자신이 가장 좋아하는 일이 무엇인지, 어떤 일을 할 때 가장 살아 있다고 느끼며 동기부여가 되는지 알기 위해 내면을 깊이 들여다보는 일 역시 굉장히 중요하다.

당신이 목표를 위해 많은 일을 했든 어떤 일도 하지 않았든 상관없다. 진정한 목표를 발견하는 것은 한 번에 끝내는 일이 아니다. 당신이 성장하고 변함에 따라 목표도 성장하고 변할 것이다. 이 장에 나오는 질문들을 자신에게 하고 그 답을 찾기 위해 내면에 귀 기울이며 오늘 하루를 시작해보자. 그저 막연히 하고 싶다는 꿈만 꾸는 피상적 수준이 아닌, 내면에 귀를 기울일 때 더 매력적이고 흥미로운 목표들을 자연스럽게 발견할 수 있다. 그리고 이 발견은 그 자체로 보상이면서 동시에 행운이 언제 찾아오는지 알려주는 신호와도 같다.

Conscious Luck

2부

습관만 바꿔도
운이 좋아진다

매일 운이 좋아지는 4가지 비밀

다섯 번째 비밀

자신의 직감을 믿고 용기를 내라

'Luck'이라는 단어 앞에 'P'만 붙이면
모든 소원을 성취할 수 있는 행운의 비밀번호가 된다.
('pluck'이라는 단어에 '용기, 담력'이라는 뜻이 있다 - 역주)

월터 매튜스Walter Matthews의 《여러 각도에서 본 인간의 생활Human Life from Many Angles》 중에서

행운을 끌어당기는 네 번째 비밀이 행운에게 나를 찾아올 '이유'를 주어야 한다는 것이라면, 다섯 번째 비밀은 행운에게 나를 찾아올 '기회'를 주어야 한다는 것이다. 기왕이면 최대한 많은 기회 말이다.

그렇다면 어떻게 행운이 내 인생에 나타날 기회를 만들 수 있을까? 새로운 일을 꾸준히 시도하고, 모험을 감수하고, 좀 더 자발적으로 자신이 원하는 것을 요구해야 한다. 적극적이고 대담한 행동(이를 우주의 복권이라 생각해보자)을 많이 취할수록 행운의 결과가 발생될 가능성이 높아진다.

이 장에서는 연속된 행운을 일으키는 다양한 방법과 그 과정에서 우리가 흔히 직면하는 장애물, 바로 실패에 대한 두려움을 극복하는 방법을 살펴보려고 한다.

약간의 변화만 주어도 충분하다

우리는 모르는 것에 대해서는 어떠한 선택도 내릴 수 없다.

- 존 F. 반스John F. Barnes, 강연자

새로운 시도를 하는 것은 연속된 행운을 일으키는 중요한 기폭제다. 그럼에도 불구하고 많은 사람들이 선뜻 실행에 옮기지 못하는 이유는, 지금까지 해본 적이 없는 새로운 생각이나 방식을 받아들여야 한다는 두려움 때문이다. 이에 가장 간단하면서도 부담스럽지 않은 방법이 하나 있다. 바로 일상 활동에 작은 변화를 주는 것이다.

많은 사람들은 마치 보이지 않는 누군가에게 조종당하듯이 살아간다. 비슷한 시간에 기상하고, 비슷한 순서로 출근 준비를 하며, 비슷한 방법으로 출퇴근을 하고, 매번 같은 사람들과 비슷한 대화를 나누고, 비슷한 종류의 음식을 먹는다. 이유는 간단하다. 여러 시행착오 끝에 이것이 가장 효율적이라는 사실을 깨달았기 때문이다.

하지만 오랫동안 같은 길만 계속해서 걸으면 땅에 깊은 발자국이 파이듯, 매일 똑같은 행동을 취하면 일상이

2부 습관만 바꿔도 운이 좋아진다

틀에 박힐 수 있다. 그것은 아무리 유익하고 건강하고 효율적인 삶의 방식일지라도 행운을 얻을 기회를 제한한다.

그러니 오늘부터 일상에 약간의 변화를 주겠다고 다짐해보라. 가령, 식료품을 사러 매일 가던 곳이 아닌 다른 가게에도 가보고, 새로운 스타일의 옷이나 머리 모양을 시도하고, 한 번도 간 적 없는 음식점에 가보고, 한 번도 먹어보지 않은 다른 나라 음식을 먹어보고, 조금은 색다른 휴가 장소를 선택해보는 거다. 익숙한 일상에서 벗어나면 다양한 사람, 생각, 관점에 더 많이 노출된다. 이렇듯 새롭고 좀 더 모험적인 의식으로 인생을 살면 기분이 새롭고 활기가 생긴다.

나의 경우, 평생 오른손으로 양치질을 해왔다는 걸 깨닫고 한 달 동안 왼손으로 양치질을 해보기로 결심했다. 이렇게 소소한 변화를 주면 어떤 일이 발생할지 궁금했다. 결과는 생각보다 놀라웠다. 아무 생각 없이 늘 하던 행동이었을 뿐인데 손을 바꿔서 양치를 하니 내가 훨씬 더 치아에 세심한 주의를 기울이고 있다는 사실이 느껴졌다.

뿐만 아니라 매일 다른 경로로 출근길을 시도해보았다.

사무실에 가장 빨리 갈 수 있는 길은 오직 하나였지만, 여건이 될 때마다 일부러 다른 길로 차를 몰고 가거나 우회로로 가곤 했다. 이렇듯 반복적이었던 일상에 변화를 주자 나는 무심코 하던 다른 일에서도 좀 더 기민해지고, 주위에서 무슨 일이 일어나는지 더 많이 알아차리게 되었다.

매일 걷는 길이 아닌 새로운 길로 가거나 직장이나 학교까지 다른 길로 운전해서 가면 평소 볼 수 없었던 광경을 발견하게 된다. 또한, 세상에 대한 인식력이 높아지고 새로운 눈을 통해 주변을 보게 된다. 이렇게 하면 별다른 의식 없이 기계적으로 살 때는 놓쳤을 좋은 기회들을 포착하여 행운을 얻을 가능성이 높아진다.

하트퍼드셔 대학의 심리학 교수이자 행운의 현상을 탐구한 최초의 긍정심리학 연구원 중 한 명인 리처드 와이즈먼Richard Wiseman 박사는 일상을 다양화할 때 생기는 강력한 장점들을 다음과 같이 멋진 비유로 설명한다.

드넓은 사과 과수원 한가운데에 살고 있다고 상상해보세요. 당신은 매일 과수원으로 가서 큰 바구니에 사과를 한가득 담아야 합니다. 처음 몇 번은 어느 방향으로 가든 아무 상관이 없을 겁니다. 과수원 어디를 가든 사과를 쉽게 딸 수 있을 테니까요. 하지만 어느 정도 시간이 지나면, 이전에 갔던 곳에서는 더 이상 사과를 찾기가 힘들어질 겁니다.

이때 만일 당신이 한 번도 가지 않았던 곳으로 가보겠다고 새롭게 결심하거나 매일 갈 곳을 무작위로 결정한다면 어떨까요? 사과를 발견할 가능성은 점점 커지겠지요. 행운 역시 이와 비슷합니다. 사람들은 자신의 삶에서 주어진 기회를 다 써버리기 쉽지요. 하지만 이전에는 해보지 않았던 새로운 경험이나 틀이 정해지지 않은 시도들을 하게 되면, 그만큼 새로운 기회를 얻을 가능성이 생깁니다.

결정적인 순간에는 직감을 믿어라

결과가 어떠하든 자신이 시도하는 도전이 긍정적인 경험을 선사할 것이며, 반드시 성공으로 이어질 것이라는 점을 굳게 믿어라.

- 실비아 클레어Sylvia Clare의 《직감을 믿는다는 것Trusting Your Intuition》 중에서

연극 수업에서 즉흥 연기를 하는 장면을 본 적이 있는가? 즉흥 연기를 하는 배우는 관객이나 동료 배우가 던져주는 어떤 상황과 역할이라도 즉석에서 바로 연기에 몰입해야 한다. '흐름에 자신을 맡기는 것'이다.

마찬가지로 행운을 끌어당기기 위해서는 너무 깊은 생각에 빠지지 않고 일단 시도하는 자세가 필요하다. 자신이 해오던 틀을 벗어나고 전혀 예상치 못한 지점으로 가보는 것이다. 때로는 어디로 향할지 목적지를 알지 못한 채 오로지 내 안의 작은 충동에 따를 때 마법이 일어나기도 한다.

유명한 강연자 스티브 시스골드Steve Sisgold는 자신이 쓴 책《전신 지능Whole Body Intelligence》에서 무슨 일이든지 '예스'라고 대답하고 이후의 일은 흐름에 맡겼더니 놀랄 만큼 뜻밖의 결과를 얻었던 경험을 공유했다. 그 책의 내용을 일부 소개해보겠다.

1996년에 모험을 하고 싶었던 나는 인도 여행을 예약했다. 뭄바이에 도착하여 푸네로 가는 버스를 탔다. 그곳에서 명상 수업을 듣고 관광객이 드문, '진짜' 인도를 좀 더 많이 경험하고 싶었기 때문이다.

나는 푸네에서 보낸 첫날 밤에 거리를 거닐며 이국적인 광경, 소리, 냄새를 한껏 즐기다가 도처에 소들이 있는 것을 보았다. 소들은 저마다 가고 싶은 곳을 돌아다니다가 도로와 인도에 누웠고 보이는 것은 무엇이든 먹어치웠다. 나는 소들이 마치 의식을 흐름에 맡긴 듯이 너무 자유롭게 다녀서 깜짝 놀랐다. 그래서 이 자유로운 상태를 '소 의식cow-consciousness'이라 이름 지었고 다음 날부터 나도 시도하리라 다짐했다.

다음 날 아침 나는 의식을 흐름에 맡기는 실험을 시작했다. 마음이 이끄는 대로 시장 구역을 돌아다니다가 골목에서 나를 향해 이쪽으로 오라고 손짓하는 한 남자를 보았다. 낯선 나라 골목에서 이방인을 만나는 것이 현명한 일인지 확신이 들지 않아 망설였다. 하지만 그 남자에게는 악의가 없어 보였다. 나는 남자에게 다가가고 싶은 내면의 충동을 느껴 마치 착한 소처럼 그쪽으로 걸어갔다. 내가 다가갔을 때 그곳에 서 있던 남자는 "달라이 라마"라는 두 단어를 말하고 그의 옆에 서 있던 스쿠터를 가리켰다. 남자의 메시지는 분명했다.

'달라이 라마한테 데려다줄게.'

무척 의심스러웠다. 비록 나의 영웅인 달라이 라마를 만나는 것이 강한 소망이었지만 그 성인이 푸네 근처에 살거라는 생각이 들지 않았다. 가능성이 얼마나 될까? 하지만 나는 잠시 생각하고 결정했다.

'그래, 나는 지금 모험 중이잖아. 안 될 게 뭐 있어?'

잠시 기도를 올리고 스쿠터에 올라타 낯선 사람의 뒤에 앉았다. 우리는 거리의 인파를 힘겹게 헤치고 나아가 마침내 도시를 벗어나 시골 지역으로 들어갔다. 10분에서 15분 정도 갔을 때 남자가 속도를 줄이더니 스쿠터를 길가에 댔다. 근처 들판에서는 짙은 황색과 밤색 법복을 입은 열두 명 정도의 수도승들이 둥글게 둘러앉아 있었고, 원 한가운데에는 다름 아닌… 달라이 라마가 있었다!

달라이 라마는 나를 보고 환한 미소를 지었다. 마치 내가 올 거라는 사실을 이미 알고 있던 것처럼 느껴졌다.

달라이 라마 성하는 그곳에 있는 사람들에게 자신의 모국어로 말했지만 통역사가 나를 위해 그의 메시지를 통역해주었다. 매사 진실하고, 자기 자신에게 충실하며, 갖은 폭력에도 비폭력으로 맞서라는 메시지였다. 달라이 라마 성하는 누구나 사랑받을 가치가 있고 우리 자체가 사랑이라는 점도 상기시켜주었다.

얼마 전 이별로 고통스러운 감정을 느껴왔던 나에게 이 말은 진정한 치유가 되어주었다. 달라이 라마의 강력한 메시지와 뜻하지 않은 친밀한 모임의 기억은 인도 여행이 끝난 후 오래도록 남아 있다.

남자를 따라갈지 말지 선택의 기로에 섰을 때, 아마도 '평소의' 스티브였다면 낯선 환경과 앞으로 펼쳐질 여러 가지 위험한 상황에 대한 두려움과 걱정 때문에 따라가지 않을 것이다. 물론 인생 최고의 순간도 놓쳤으리라.

우리가 어떤 결정을 내릴 때 자신이 늘 해오던 오래된 습관과 사고방식을 너무 고수하거나 지나치게 의존하면 자연히 시야가 좁아진다. 그러면 자신을 찾아올 수 있는 여러 행운의 기회들을 못 보고 그냥 지나치게 된다.

아마도 당신은 이렇게 생각할지 모른다. '아니, 살면서 나만의 확고한 주관을 갖는 건 좋은 거 아닌가?' 물론 좋은 것이다. 하지만 융통성 없이 나만의 방식만을 밀고 나가면 자칫 사고가 편협해질 우려가 있다.

실제로 최근 실시된 여러 연구에서는 자신만의 확실한 주관을 가지되 다른 사람들의 방식을 배우고 수용할 줄 아는 폭넓은 시각을 지닌 사람이 살면서 더 많은 행운을 누리는 것으로 드러났다.

앞에 언급된 심리학 교수 리처드 와이즈먼의 연구결과가 그 대표적인 사례다. 와이즈먼은 스스로를 운이 좋은 사람이라고 생각하는 사람들과 운이 없는 사람이라고 생각하는 사람들에게 각각 신문에 실린 사진의 개수를 세게 하는 실험을 실시했다.

스스로 운이 없다고 여긴 사람들은 사진을 열심히 찾았고 결과를 내는 데 평균 2분 걸렸다. 반면, 스스로 운이 있다고 여긴 사람들은 단 몇 초밖에 걸리지 않았다. 와이즈먼 박사가 신문 두 번째 면에 '세지 않아도 됩니다. 이 신문에는 43개의 사진이 있습니다'라고 쓴 메시지를 발견했기 때문이다.

운이 없다고 여긴 사람들은 그 메시지를 보지 못하고 주야장천 사진만 찾았던 반면, 운이 있다고 여긴 사람들은 좀 더 포괄적인 시야로 신문을 본 것이다. 이에 와이즈먼 박사는 다음과 같은 결론을 내렸다.

2부 습관만 바꿔도 운이 좋아진다

행운 역시 마찬가지다. 운이 없는 사람들은 본인이 찾는 것 하나에 너무 초점을 맞추기 때문에 발견할 수 있는 다른 우연한 기회들을 모두 놓친다.

예를 들어 그들은 완벽한 파트너를 찾겠다고 벼르며 파티를 가기 때문에 좋은 친구들을 만날 기회를 놓친다. 또 자신이 원하는 직업 광고를 찾겠다고 작정하고서 신문을 살펴보는데 그 결과 다른 직업을 발견하지 못한다. 하지만 운이 좋은 사람들은 좀 더 편안하고 열린 마음으로 세상을 바라보기 때문에 단순히 본인이 찾는 것 외에도 예상치 못했던 좋은 기회도 발견한다.

세상에 마음을 열고, 때로는 의식을 흐름에 맡긴 채 직감에 따라 결정하는 일은 행운을 끌어당기는 다섯 번째 비결에 해당한다.

이것은 분명 쉽지만은 않다. 특히 만사를 자기 뜻대로 하지 않으면 안 되는 사람과 무슨 일이든지 쉽게 불안을 느끼는 사람들의 경우에 시간이 좀 걸린다. 하지만 운이 좋아질 뿐만 아니라 일상생활의 질이 함께 향상된다는 점에서 충분히 시도해볼 만한 가치가 있다.

실패한다고 해서 삶이 끝나는 것은 아니다

위험을 감수하라. 거기서부터 열매가 열린다.

- 지미 카터Jimmy Carter

경기에서 승리하려면 일단 경기에 임해야 하지 않겠는가? 마찬가지로 연속된 행운을 일으키려면 행동을 취해야 한다. 행운을 일으키는 가장 강력한 방법은 자신이 편안하다고 느끼는 안락지대를 벗어나 모험을 시도해보는 것이다.

무모하거나 신체적으로 위험한 모험일 필요는 없다. 그저 낯선 사람과 대화를 나눠보거나, 새로운 기술을 배우기 시작하거나, 댄스 동호회에 가입한다거나 하는 것처럼 쉽게 할 수 있는 모든 일이 곧 모험이 될 수 있다.

물론 낯선 상황에 놓이다 보면 처음에는 몸이 굳기 마련이다. 자기 자신이 바보나 실패자처럼 느껴져 변화 자체를 거부할 수도 있다. 새로운 일을 시도할 때 그 일에 미흡해서 자꾸 실수를 한다거나 다른 사람들에게 바보처럼 보이는 것을 두려워하는 마음은 어찌 보면 당연하다.

2부 습관만 바꿔도 운이 좋아진다

우리의 타고난 생존 본능 때문이다. 인간이 동굴에 살던 원시 시절에는 주어진 역할을 잘 못한다거나, 다른 사람에 비해 열등하고 달갑지 않은 존재로 여겨지거나, 원하는 이성 혹은 다른 부족에게 거절당하는 일은 곧 생존 자체가 위협을 당하고 있다는 사실을 의미했다.

지금은 그렇지 않다. 어떤 일에 실패하거나 누군가에게 거절당한다고 해서 우리의 삶이 물리적인 위협을 받는 것은 아니다. 하지만 우리의 뇌는 원시 시절의 기억을 되살려 여전히 우리가 실패, 수치, 거절당함에 반응하여 얼른 피하라고 지시한다. 이러한 뇌의 명령을 따를 때 우리는 안전하다고 느낄 수는 있겠지만, 그런 사람에게 행운은 찾아오지 않는다.

《나는 퇴근 후 사장이 된다》를 쓴 수지 무어Susie Moore도 이에 대해 자신의 책에서 아주 좋은 말을 남겼다.

한 발 앞으로 나아가는 대신 뒤로 물러서는 것이 안전한 선택처럼 느껴질지 모르지만 실은 그렇지 않다. 두려움에 굴복하게 되면 인생의 더 많은 기회를 알아차리지 못하거나, 인생에서 더 영향력 있는 존재가 되지 못하기 때문이다.

그렇다면 두려움에 어떻게 맞서야 할까? 새로운 일을 시도하는 과정에서 생기는 두려움, 그리고 이에 따른 무기력을 극복하는 세 가지 방법을 소개한다.

1. 반응하지 말고 대응한다

자신이 느끼는 두려움이 원시 시대 때부터 비롯된 뇌의 습관적인 반응인지 아니면 실제 처한 상황에서 느껴지는 반응인지를 구별해야 한다.

만일 뱀이 당신의 발목을 물려고 한다면 무서워하는 것은 당연하다. 두려움의 본래 목적은 당신을 위험으로부터 피하게 만드는 것이다. 자신의 안전을 위협하는 대상이 있다면 자신을 보호하기 위해 필요한 일을 해야 한다.

하지만 이 '뱀'이 실체가 없는, 단지 머릿속에만 존재할 뿐인데 '혹시라도 뱀이 나타날까 봐 무섭다'라는 공포감이 드는 경우라면 이야기가 달라진다. 그렇다면 뇌의 자동적인 공포 반응을 무시하는 방법을 배우는 것이 바람직하다. 마치 그냥 길가에 울려 퍼지는 자동차 경보음 쯤으로 여기는 거다.

경보음이 울리면 우리는 그 소리를 들어도 심각한 범

죄와는 관련이 없다는 점을 잘 알기에 쉽게 당황하거나 112로 전화하지 않는다. 단지 소리가 듣기에 살짝 거슬릴 뿐 대개 어떤 감정도 느끼지 못하며, 그 경보 소리에도 불구하고 해야 할 일이나 하던 일을 문제없이 지속할 수 있다.

2. 호흡으로 신체의 생리작용을 바꾼다

호흡은 우리의 신체에 필요한 최고의 감정 조절기다. 그래서 두려움을 느낄 때마다 신체적 긴장감을 완화할 수 있는 좋은 방법이다.

두려움은 '호흡이 없는 흥분 상태'로 정의할 수 있다. 우리는 두렵거나 불안할 때 신체적으로 수축하는 경향이 있는데, 이럴 때 숨을 죽이거나 호흡을 얕게 하면 더 많은 불안을 일으킨다. 불안 증세가 나타나면 시야가 좁아져서 현재 자신에게 일어나는 상황의 극히 일부만 볼 수 있으며, 이는 세상을 무섭고 두렵게 만드는 원인이 된다. 이처럼 두려움은 더 많은 두려움을 낳고 우리를 악순환 고리에 가두어둔다.

이럴 때는 심호흡을 세 번만 해보자. 그러면 두려움이 훨씬 줄어드는 기분을 느낄 수 있다. 실제 여러 연구에서도 심호흡을 길게 천천히 세 번만 하면 신체의 부교감 신경이 활성화되고 체내에서 '스트레스 화학 물질'이 점차 사라진다는 결과가 밝혀졌다.

아무리 괴롭고 힘들더라도 심호흡을 기억하고 활용한다면, 두려움이라는 부정적 경험을 새로운 일에 대한 도전, 설렘, 흥분이라는 긍정적인 경험으로 충분히 바꿀 수 있을 것이다.

3. 자신의 두려움을 직면한다

두려움에 압도될 때가 있다. 두려워할 것이 없다는 증거를 논리적으로 생각해내도 내면의 두려워하는 자아는 그것을 받아들이지 못한다. 때로 두려움에서 벗어나는 유일한 방법은 두려움을 관통하는 것이다.

실제로 내 아내 케이티는 수년 동안이나 비행기 타는 것을 두려워했다. 하지만 업무상 출장을 다녀야 하기 때문에 언제까지고 비행기 타는 일을 피할 수만은 없었다. 다행히 호흡법을 배운 덕분에 어느 정도 마음이 편안해지긴 했지만 불안 증세가 사라지지는 않았다.

그러던 어느 날 더 이상 안 되겠다는 판단에 그녀는

스카이다이빙에 도전해보겠다는 극단적인 결정을 내렸다. 그 도전은 매우 효과적이었다. 1만 2000피트 상공에서 비행기에서 뛰어내린 뒤로 그녀의 불안 증세는 완전히 사라졌고, 지금은 장거리 비행 출장에도 전혀 주저하지 않고 전 세계를 누비고 다닌다.

셰익스피어가 한 말에 의하면 겁쟁이는 죽음에 앞서서 여러 차례 죽지만 용기 있는 자는 한번 밖에 죽지 않는다고 한다. 당신을 두렵게 만드는 대상이 있다면 그에 직접 맞서는 과감함이 때로는 유일한 해결책이 될 수 있다.

딱 20초의 무모한 용기가 필요한 이유

가끔은 미친 척하고 용기를 내보렴. 부끄러워도 딱 20초만 용감해지는 거야. 그러면 분명히 너에게 좋은 일이 일어날 거다.

- 영화 <우리는 동물원을 샀다> 중에서

지금까지 행운이 나를 계속 찾아오게 하려면 새로운

모험과 위험을 감수할 만한 용기가 필요하다고 강조했다. 한 가지 좋은 소식이 있다면 항상 용감할 필요는 없고, 중요한 결정적 순간에만 용감하면 된다는 것이다. 앞으로 나아가기 위한 첫발은 단 몇 초밖에 걸리지 않는다. 따라서 시의적절한 순간에 용기를 낼 수 있다면 충분히 고비를 넘길 수 있다.

실제로 나와 함께 이 책을 쓴 캐럴은 '단 20초의 용기'로 인생의 방향이 바뀌었다. 캐럴의 이야기를 들어보자.

《영혼을 위한 닭고기 수프》 시리즈가 나온 초기에 내 소중한 친구 마시 시모프Marci Shimoff는 잭 캔필드, 마크 빅터 한센Mark Victor Hansen과 《여성의 영혼을 위한 닭고기 수프Chicken Soup for the Woman's Soul》 시리즈를 쓰기로 계약을 맺었습니다. 마시는 내가 대학에서 문학을 전공했고 조사하는 일을 좋아한다는 걸 알고 있었어요. 그래서 내게 책에 실릴 이야기 자료를 찾는 일을 도와줄 것을 의뢰했습니다.

인터넷과 구글이 세상에 없던 시절이었기에 저는 도서관에 가서 여성들에게 영감을 주는 글을 찾기 위해 몇 시간 동안 잡지와 뉴스를 샅샅이 살펴봤습니다. 어느 정도 찾긴 했지만 조사한 내용을 단순히 표절하지 않고 어떻게 이야기를 써야 할지 난감했죠. 그러다 머릿속에 좋은 생각이 스쳤습니다. 그 여성들을 찾아내어 인터뷰한 후 그녀들의 이야기를 마치 내가 경험한 듯 1인칭으로 쓰기로 결정한 거죠. 마시는 그 아이디어를 마음에 들어했고 제가 하는 글쓰기 작업에 더 높은 보수를 주기로 했어요.

저는 열렬한 독서광이었지만 이전에 글을 써본 적은 없었습니다. 하지만 내가 대필에 재능이 있다는 것을 잘 알았죠. 인터뷰 때 적절한 질문을 해서 중요한 세부 사항을 뽑아낸 후 다른 사람의 목소리로 글을 수월하게 쓰는 능력이 뛰어났거든요.

다행히 마시는 제가 보낸 이야기를 좋아해주었습니다. 1996년에《여성의 영혼을 위한 닭고기 수프》가 출간되었을 때 제가 보낸 이야기 가운데 세 가지가 실려서 더없이 기뻤죠. 그 책은 곧바로 〈뉴욕타임스〉 선정 베스트셀러가 되어 수백만 부가 팔려나갔어요. 그 결과 마시는 큰돈을 벌었습니다. 마시에겐 너무 잘 된 일이다 싶었지만

나도 모르게 이런 생각이 밀려들더군요.

'자료를 모아서 엮고 편집하고 광고한 마시가 책 내용을 직접 쓴 나보다 훨씬 더 많은 돈을 벌었네. 내가 뭘 잘못하고 있는 거지?'

하지만 시간 낭비처럼 느껴져 그런 생각을 곧 그만두었어요.

얼마 후 마티 베커Marty Becker 박사라는 사람이 제게 전화를 걸어왔습니다. 마티 베커 박사는 수의사였는데 그냥 평범한 수의사가 아니었어요. 지상파 방송 프로그램인 〈굿모닝 아메리카〉의 수의학 코너에 고정출연을 할 정도로 유명했죠. 게다가 동물 전문 칼럼니스트이자 인간과 동물의 유대(그는 이를 '더 본드The Bond'라 일컫는다)에 대한 연구 분야에서 세계에서 손꼽히는 전문가였습니다. 그는 《동물 애호가의 영혼을 위한 닭고기 수프Chicken Soup for the Pet Lover's Soul》의 공저자로 집필할 예정이었는데, 마침 마시가 자료를 조사하고 글을 쓸 사람으로 저를 그에게 소개한 것이었어요. 제가 동물을, 특히 개를 너무 좋아하기 때문에 마시는 저를 적임자라고 생각한 것 같았습니다.

마티는 몇 달 동안 세계의 여러 수의과 대학에서 '더 본드'를 주제로 한 강연과 칼럼을 통해 사람들에게 동물 애호가들의 이야기를 보내달라고 부탁해서 상당한 이야기를 수집했다고 했어요. 그러면서 제게 마시와 일했던 방식으로 일할 수 있는지 물어보았죠. 첫 단계로 그가 수집한 이야기들 가운데 일부를 보내주겠다고 했고 일단 통화를 마쳤습니다.

며칠 뒤 소포가 도착했고, 상자 안에는 스테이플러로 고정한 종이 묶음들이 6인치 높이로 쌓여 있었어요. 저는 거기서 맨 위에 있는 다섯 개의 이야기 묶음을 끄집어내서 바로 읽었는데 뒤로 갈수록 무척 흥미진진한 내용이었죠. 다 읽고 나자 마음에 소용돌이가 치는 것이 느껴졌어요. 사람들에게 힘을 불어넣어주고, 목이 메게 하고, 웃음 짓게 하고, 기분을 좋게 하고, 영감을 주는 이야기들. 그 책에 참여하고 싶은 마음이 간절했어요.

그날 늦게 마티와 이야기를 나누기로 했고, 오후에 명상 수업을 위해 자리에 앉는 순간 문득 이런 생각이 떠오르더라고요.

'그 책을 위해 단순히 조사하고 글을 써주는 일만 하고

싶진 않아. 이번엔 공저자가 되고 싶어.'

한 시간 후에 마티로부터 전화가 왔어요. 우리는 인사말을 나눈 후 책에 대한 이야기를 시작했죠.

"보내준 이야기들은 어땠어요?"

마티의 질문에 저는 제 마음을 솔직하게 이야기해야겠다고 생각했습니다. 그래서 말했죠.

"음, 좋은 소식과 나쁜 소식이 있어요. 뭘 먼저 들으시겠어요?"

놀란 마티가 잠시 멈칫하더니 말했어요.

"흠… 좋은 소식이오?"

"이건 엄청난 책이 될 것 같아요! 모두 보석 같은 이야기들이라 박사님과 함께 작업하고 싶어요!"

"정말 좋은데요! 그렇다면 나쁜 소식은 뭔가요?"

"전 조사하고 편집하는 일로 참여하고 싶지 않아요. 책의 공저자로서만 같이 작업할 겁니다."

잠시 어색한 침묵이 흐르더니 마티가 입을 열었어요.

"지금 농담하시는 거죠?"

제가 대답을 하지 않자 그가 다시 말했어요.

"미안해요, 그렇게는 못합니다."

그 말을 듣자 순간적으로 무언가가 목을 조여 오는 기분이 들었습니다.

'난 돈이 필요해. 앞으로 이만큼 좋은 제안을 받을 수 있을까? 난 바보 같은 걸까? 욕심이 많은 걸까? 어쨌든 해보겠다고 말해야 하는 걸까?'

하지만 더 이상 나의 한계를 정하고 싶지 않았습니다. 기꺼이 틀을 벗어나 내가 진정으로 원하는 것을 선택하고 싶었거든요. 저는 결국 응하지 않았기로 했습니다. 살면서 제가 한 가장 용기 있는 행동이었죠.

"그렇다면 소포를 다시 싸서 댁으로 보내드리겠습니다. 상자에 있는 발신인 주소로 보내면 되나요?"

전화기 너머로 잠시 침묵이 흘렀다가 마티가 말을 꺼냈습니다.

"잠깐만요… 뭔가 해결책을 찾을 수 없을까요?"

"글쎄요, 그럴 수 있을까요?"

우리는 15분 동안 대화를 더 나누었습니다. 저는 내가 공저자가 되는 것이 좋은 생각인 이유를 말하며 그를 설득하기 시작했죠. 마시의 책을 작업한 이후 어떻게 하면 독자들에게 울림이 있는 이야기로 풀어낼 수 있는지 알게 되었다고 했고, 지나칠 만큼 동물을 사랑하는 한 사람으로서 동물 애호가들이 어떤 반응을 보일지 안다고 하는 식으로요. 그러면서 집필 작업에 많은 시간을 들여 최선을 다해서 그가 해야 할 일을 수월하게 해줄 거라고도 말했죠. 일정이 정신없이 바쁜 그에게 내가 필요하다는 것도요.

그러자 그가 마음을 움직였습니다. 마티는 저를 공저자로 참여시키는 문제와 인세 문제에 대해 잭과 마크와 상의해보겠다는 데 동의하고 전화를 끊었어요.

그다음 이야기는 알고 있는 그대로입니다. 저는 얼마간의 협상 후 《동물 애호가의 영혼을 위한 닭고기 수프》의 공저자가 되었어요. 그 책은 베스트셀러 목록의 상위권에 들었죠. 그 책의 출간을 계기로 저는 《영혼을 위한 닭고기 수프》 시리즈를 다섯 권이나 더 집필했고, 이어서 게이 헨드릭스를 비롯한 동기부여 강연자들이나 전문가들과 자기계발서를 썼습니다. 이 가운데 다섯 권은 〈뉴욕타임스〉 선정 베스트셀러 목록에 올랐고 한 권은 1위를 차지했어요.

겉으로만 보면 제가 운 좋은 사람처럼 보일지 모릅니다. 하지만 저는 알아요. 다리가 휘청거리는 듯한 두려움을 극복하려 했던 그 20초의 용기가 바로 제 인생에 엄청난 행운을 가져다주었다는 사실을요.

인생에서 항상 과감하게 용기를 내야 할 필요는 없다. 다만 절호의 기회가 왔을 때 그 기회를 알아채고 적극적으로 붙잡는 데 집중해야 한다. 실패는 영구적이지 않지만 지난 일에 대한 후회는 계속 남는다.

결정적인 순간에 용기를 내어 쟁취한 성공은 또 다른 성공으로 이어진다. 다시 말해 어떤 모험이라도 일단 성공적으로 해내면, 그 성취 경험이 강력한 원동력이 되어 새로운 도전이 훨씬 수월해진다.

'행운의 증기 폐색' 현상

아무 이유 없이 남을 돕고, 보답을 받겠다는 기대 없이 베풀어라.

- 로이 T. 베넷Roy T. Bennett의 《마음의 빛》 중에서

'증기 폐색vapor lock'이라는 용어에 대해 들어본 적이 있는가? 자동차 엔진 내부에 과도한 증기가 발생하여 가스 선에 막힘이 생기고, 이로 인해 엔진에 연료가 충분히 공급되지 못하는 현상을 말한다.

이와 유사한 일이 사람에게도 흔히 일어난다. 대개 스스로 만든 스트레스가 내면에 쌓여서 긍정적인 결과가 나오지 못한다. 우리가 의식적으로 스트레스를 방출할 때까지 말이다.

그렇다면 어떻게 내면에 쌓인 스트레스를 내보낼 수 있을까? 앞서 4장에서는 행운이 개인만의 이익이 아닌 모두에게 이익이 돌아가는, 가치 있는 목표를 좋아하고 따른다고 밝힌 바 있다. 즉, '남에게 베푸는 힘', '이타심'을 적용해보는 것이다.

캐럴의 친한 동료이자 강연자이며 세상에서 가장 긍정적인 사람 중 한 명인 첼리 캠벨Chellie Campbell은 일이 안 풀리는 날이면 다른 사람들을 위해 시간을 할애한다고 말한다.

우선 지인 목록을 들여다보면서 '오늘은 누구를 도울 수 있을까?'라고 자문하는 것이다. 그녀는 지인을 위해 수

2부 습관만 바꿔도 운이 좋아진다

업을 등록해주고, 제품을 구매하거나 서비스를 신청해주고, 좋은 비즈니스 파트너가 될 수 있는 사람들을 찾아서 그들을 소개해준다. 친구와 이웃에게 연락하여 자신이 도울 일이 있는지 묻고 가치 있는 사업, 책, 기업 서비스에 대한 추천서와 리뷰를 작성한다. 요컨대, 그녀는 자신이 할 수 있는 어떤 방법으로든 타인을 돕는 데 최선을 다한다. 그 결과는 어땠을까? 첼리는 이런 글을 썼다.

> 내가 타인을 도우는 것은 사실 나 자신을 돕는 것과 같다. 내가 누군가를 행복하게 해줄 때 나는 행복해진다. 내가 누군가의 하루를 빛나게 해줄 때 나의 하루가 빛난다. 이런 경험을 할 때마다 내가 하려는 것을 저지하고 나를 가로막던 무언가가 사라지는 듯한 느낌이 든다. 내 안에 존재하는 한계의 댐이 무너지는 것이다.
>
> 그러면 신기하게도 뜻하지 않은 좋은 일이 생긴다. 내가 만난 적도 없는 사람이 누군가의 소개를 받고 찾아오는 것처럼 말이다. 그렇게 돈과 행운이 내게 다시 흘러들어 온다.

순수하게 즐거운 마음으로 타인에게 베풀면 행운, 사랑, 행복, 돈, 열정, 아이디어를 가로막는 내면의 '증기 폐색' 현상이 해결된다. 받는 것과 주는 것은 같은 사이클의 일부다. 우리에겐 이 두 가지가 모두 필요하다.

이처럼 새로운 행동을 계속 시도하고, 다른 사람에게 베푸는 방법을 찾아보자. 행운이 나에게 찾아올 '기회'를 더 자주, 더 많이 주는 것이다. 그러면 행운의 바람을 이용해 성공적인 인생 항해를 펼칠 수 있을 것이다.

행운의 그룹을 찾아라

내가 곁에 있는 사람들을 바꿀 수는 없다.
하지만 내 곁에 어떤 사람들을 둘 것인지는 선택할 수 있다.

작자 미상

자신의 운을 바꾸려면 운이 없는 사람들과 어울리는 생활에서 당장 빠져나와야 한다. 특히 '우리는 원래 운이 지지리도 없어'라는 무의식적인 결탁에 당신을 끌어들이는 가족이나 친구 관계에서 나와야 한다.

결탁을 뜻하는 'conspiracy'의 어원은 '함께 호흡한다'를 뜻하는 라틴어 'conspirare'다. 다시 말해, 과거 우리 두 저자가 그랬듯 운이 나쁜 사람들과 같은 공기를 마시며 시간을 보내지 말아야 한다는 뜻이다. 당신의 운을 바꾸려면 운이 좋은 사람들과 함께 더 많은 시간을 보내면서 행운의 결탁을 형성해야 한다.

실제로 최근에 실시된 한 연구에서는 우리가 자주 어울리는 사람들이 건강과 장수에서부터 도덕성, 세계관, 사고방식에 이르기까지 삶의 모든 영역에 상당한 영향을 끼친다는 사실을 발견했다. 이 중에도 특히 '사고방식'은 행운과도 관련이 깊다.

감정은 전염된다

운이 없는 사람들에게서 보이는 특징이 하나 있다. 바로 이야기를 할 때 항상 자신을 불운의 피해자로 묘사한다는 점이다. 내가 만났던 한 바텐더는 수년 동안 이 일을 하면서, 의외로 많은 사람들이 자신이 얼마나 불행한 사람인지 이야기하는 것을 즐긴다는 사실을 깨달았노라고 말했다. 생각해보라. 당신의 주변에도 입만 열면 불평불만을 일삼고, 부정적인 이야기만 늘어놓는 사람들이 있지 않은가.

한 가지 예로, 세금을 내야 할 시기가 다가오면 사람들은 납세자 자신을 국세청과 정부의 피해자라고 생각하기 쉽다. 나 역시 예전에 국세청에 28만 2000달러를 세금으로 내야 했을 때 그랬었다.

당시에 그 금액은 엄청난 액수였던 터라 나는 내가

얼마 안 되는 재산을 가졌단 이유로 정부에 세금 납부를 강요받는, 열심히 일하지만 불운한 남자라고 여겨졌다. 몇몇 친구들과는 도대체 어디에 있는지도 모를 도로 공사에 쓰이는 세금에 대해 온갖 불평불만을 쏟았고, 그들 역시 교활한 가해자인 국세청 때문에 겪은 희생담을 기꺼이 풀어놓았다.

그러던 어느 날, 내가 여느 때처럼 국세청에 대해 열띠게 불평하는 도중에 아내가 불쑥 끼어들더니 부드럽게 물었다.

"28만 2000달러를 세금으로 내야 할 만큼 우리가 돈을 많이 번 것이니 기뻐해야 하지 않을까?"

이전에는 생각도 해보지 못한 발상을 이해하려 애쓰며 잠시 머리가 띵했지만, 결국 인정하게 되었다. 내 이야기가 악의 제국과의 전쟁에서 왜 우리 모두가 패배자인가를 증명하기 위한, 피해의식이 담긴 이야기였다면 아내의 이야기는 확실히 기쁨과 힘을 주는 이야기였다.

이후 나는 생각을 바꾸기로 했다. 베스트셀러를 출간하고, 주요 방송국에 여러 번 출연하고, 그 외에도 성공적인 사업을 이끌었던 멋진 한 해를 축하하기로 한 것이다.

정부가 그 세금을 어떻게 쓸지 안달복달하는 대신 아내와 나는 세금으로 낼 수표에 두 손을 얹고 가장 유용하게 쓰이기를 축복했다.

하지만 그걸로 끝난 게 아니었다. 다시는 이러한 패턴에 빠지지 않기 위해, 서로의 피해의식을 기반으로 형성된 관계에서 벗어나야 했다.

나는 주소록에 적힌 이름들을 죽 살펴보면서 그와의 최근 대화를 떠올려보았다. 친척부터 친구들까지 의외로 여러 명이 있었다. 정부든 과거든 이혼한 전 배우자든 가족이든 예측 불허의 날씨가 되었든, 우리는 자신이 너무나 불행한 피해자라는 데 서로 동의했다. 그리고 그 피해의식은 관계를 더욱 단단히 고정시켜주는 접착제였다.

당신도 시작해보라. 가까운 가족부터 친구, 페이스북 지인, 직장 동료 등 현재 연락하고 지내는 모든 사람의 이름을 보며 두 눈을 감고 상대방과 당신 사이의 에너지를 느껴보는 거다. 누가 나에게 좋은 기운을 주고, 누가 나에게 나쁜 기운을 주는지 분명히 드러날 것이다.

꼭 피해 경험을 공유하진 않았더라도 왠지 당신의 성공을 지지하거나 축하하지 않는다고 느껴지는 친구와 친척을 발견할 수도 있다. 그들은 당신이 성장하는 모습에 위협을 느끼거나 인생을 더 나은 방향으로 나아가기 위한 노력을 인정하지 않을지도 모른다. 그 이유가 무엇이건 중요한 사실은, 더 이상 그들은 당신을 위한 행운의 그룹에 들어올 자격이 없다는 것이다.

내게 부정적인 기운을 주는 가족이라면

물론 부정적인 기운을 주는 사람을 무조건 거부하거나 그들과의 인연을 완전히 끊어야 한다는 의미는 아니다. 하지만 당분간 그들을 멀리할 필요는 있다. 적어도 당신이 피해의식이 가득한 예전의 대화 패턴을 과감히 끊어낼 수 있거나 목표와 꿈을 지지하고 인정하지 않는 그들에게 낙담하지 않을 만큼 강인해질 때까지는 말이다.

그런데 만일 내게 부정적인 기운을 주는 사람이 오래된 친구이거나 가족이라면 거리를 두는 방법이 힘들 수도 있다. 사업가이자 동기부여 강연자인 글렌 아곤실로 Glenn Agoncillo가 우리 두 저자에게 들려준 이야기는 이들과 친밀한 관계를 유지하면서 어떻게 탈출을 위한 속도를 낼 수 있었는지 힌트를 주었다.

저는 대가족 출신이에요. 어머니의 형제자매는 열두 분이고 아버지의 친척은 다섯 분이죠. 어렸을 때 샌디에이고에서 자랐는데 어머니의 사촌 형제, 이모, 삼촌 등 무려 100명의 친척들이 10마일 반경 내에서 살았어요. 인생을 살아가는 방법에 대한 그분들의 철학은 아주 분명했어요. 좋은 일자리를 찾고 가족이 살 만한 크기의 아파트를 마련해서 은퇴하거나 죽을 때까지 거기서 죽 사는 거였죠.

저는 가족의 바람에 따라 간호학교에 들어갔는데 졸업 직전에 의료계가 저와 맞지 않는다는 걸 깨달았어요. 학비를 벌려고 보험회사에서 일을 해봤는데 제 적성에 맞았고 무엇보다 그 일이 너무 좋더라고요! 보험업계에서 계속 일하고 싶었어요.

물론 다들 크게 실망했어요. 저에게 간호사를 해야 돈을 많이 벌 거라고 충고하더군요. 하지만 저는 돈이 아니라 무엇을 할 때 더 행복한지가 중요했어요. 고심 끝에 가족과 불화가 생기지 않도록 거리를 약간 두는 것만이 최선이라는 생각이 들었죠.

더욱이 가족의 가치관과 제 가치관은 맞지 않았어요. 저는 어머니와 형을 많이 좋아했지만 평생 같은 아파트에서 살고 싶진 않았거든요. 그들이 저를 끌어당기는 힘이 너무 커질까 봐 두려웠어요. 그래서 결국 샌디에이고에서 차로 세 시간 거리에 있는 롱비치로 이사 가기로 결심했어요.

저는 어머니께 설명을 드렸어요. 어머니가 젊으셨을 때 필리핀에서 미국으로 가시고 싶어 했던 것과 똑같은 이유로 저도 이사를 가고 싶다고, 새로운 분야로 진출하여 성장하고 싶다고 말이죠. 어머니가 크게 실망하실까 봐 걱정했지만, 다행히도 어머니는 제 말을 이해하셨고 축복해주셨어요. 이사한 후에는 격주로 샌디에이고에 가서 가족과 친구들을 만났어요.

그게 18년 전 일이에요. 저는 롱비치에서 멋진 인생을 만들었고 여전히 가족과도 좋은 관계를 유지하고 있어요. 형은 저의 가장 친한 친구고 어머니는 제가 존경하는 분이죠. 저는 현재 조카들의 대부이고 그 아이들과 보내는 시간이 즐거워요. 지금도 2주에 한 번씩 샌디에이고에 갑니다. 가족과의 삶과 나만의 삶, 양쪽 세계를 최고로 누리고 있다는 생각이 들어요.

글렌의 이야기는 자신의 운에 유해할 수 있는 상황을 떠나는 일이 가족이나 친구들을 영원히 떠나는 것을 의미하지 않는다는 점을 분명히 보여준다.

이는 자신에게 있는 가장 소중한 것을 존중하되 그것 때문에 제한받지 않는다는 점을 의미한다. 더 중요한 것은 앞으로 나아갈 방향이다. 다시 말해, 행운의 그룹을 발견하고 자신의 성장과 성공을 지지하고 축하해주는 사람들 속에 있는 것이다.

씨앗을 심은 곳에 꽃을 피운다

당신의 몸과 마음을 평온하게 만들어주는 사람, 당신의 기쁨을 내 일처럼 기뻐해주는 사람, 지금 그대로의 당신을 진정으로 사랑해주는 사람을 찾으세요. 그들은 분명히 존재하

며 당신을 기다리고 있습니다. 그들을 발견할 때까지 절대
찾는 일을 그만두지 마세요.

- 스콧 스태빌Scott Stabile, 자기계발 작가이자 강연자

글렌과 달리 대부분의 사람들은 지금의 현실을 떠나
서 다시 시작하지 못한다. 따라서 우리는 지금 있는 곳에
서 행운의 그룹을 만드는 일에 적극적으로 나설 필요가
있다. 이 무리에는 우리가 이미 알고 있으나 현재 많은 시
간을 보내지 못하는 사람들뿐만 아니라 새롭게 알게 된
사람들도 포함된다.

한 가지 방법은 몸으로 느껴지는 반응을 살펴보는 것
이다(앞서 당신은 연락처 목록을 두고 이 과정을 해보았다). 우
리의 몸은 누가 나에게 영감을 주고, 좋은 기운을 불어넣
어주는 사람인지 곧바로 알아차린다. 오히려 마음보다 더
빠르고, 더 정확하다. 이쯤에서 자신의 신체적 반응에 좀
더 주의를 기울여볼 수 있는 방법을 소개하겠다.

1. 호흡

함께 있을 때 더 편하게 숨 쉴 수 있는 사람을 찾는

다. 이는 그 사람이 당신의 자기애와 자기 이해가 깊어지는 것을 막기보다 당신이 진정한 자아에 이르게 해줄 사람이라는 확실한 신호다.

2. 눈빛

당신의 눈빛을 빛나게 해주는 (그리고 당신을 바라볼 때 눈빛이 빛나는) 사람을 찾아라. 우리의 눈빛은 진심을 속일 수 없다. 일부러 꾸밀 수 없는 자동적인 반응이라는 말이다.

흔히 눈을 '영혼의 창'이라고 한다. 마음의 속내를 숨김없이 드러내 보여주는 눈을 통해 상대가 행운의 파트너인지 알아볼 수 있다.

3. 명치

심장 밑과 배꼽 위, 상체 중앙에 위치한 명치는 직감의 중심지다. 행운의 그룹 일원이 주변에 있을 때는 명치 부근에서 활기를 느낀다.

그러니 상대방을 떠올렸을 때 혹은 만났을 때, 명치에서 어떤 감각이 느껴지는지 주의를 기울여라. 나쁜 소식을 들으면 철렁 '내려앉는' 느낌을, 흥분할 때는 '떨리는' 느낌을, 스트레스를 받을 때는 위가 '꼬이는' 느낌이들 것이다.

신체의 안테나에 주의를 기울이는 것은 누구와 시간을 보내고 싶은지 판단하기 위한 좋은 방법이다. 다음 단계는 그러한 사람과 함께 있는 시간을 최대한 활용하는 방법을 이해하는 일이다.

행운의 멘토를 찾아라

힘든 날을 이겨내게 도와주고, 그 여정에서 당신을 웃게 해줄 사람이야말로 당신의 사람이다.

- 니키 로우Nikki Rowe, 작가

내게 좋은 에너지를 주는 사람들과 산책하고, 식사하고, 넷플릭스나 스포츠 경기나 영화를 관람하는 등 함께 어울리는 것도 좋지만, 의식적으로 끌어들이는 행운에 가

속도를 내고 싶다면 영향력 있는 멘토를 찾아볼 것을 권한다. 혼자서도 좋고 행운의 그룹에 속하는 사람들과 함께해도 좋다.

세계에서 가장 운이 좋고 영향력 있는 사람들과 어울리는 효과적인 방법은 자기계발 오디오북이나 유튜브 영상, 책을 접하는 것이다. 도서관, 서점, 인터넷에서 건질 수 있는 지혜를 하루에 15분에서 30분 동안만이라도 습득한다면, 그들의 비결이 어떻게 당신의 삶에 서서히 스며들어 놀라운 변화를 만들어내는지 몸소 경험할 수 있을 것이다.

운이 좋아서 가까운 곳에 작은 모임이나 동호회가 있다면 직접 찾아가볼 것을 권한다. 똑같은 비전을 품고, 서로 영감을 주는 질문을 주고받는 사람들과 연결되는 좋은 방법이다.

이들이 반드시 큰 성공을 거둔 사람일 필요는 없다. 당신은 운이 좋은 사람에게 편승하려고 하는 것이 아니다. 운을 바꾸려면 큰 성공이 가능하다고 생각하는 사람들 주변에 있는 것으로 충분하다.

우리가 사는 '지구촌' 활용하기

당신을 성장시킬 수 있는 사람들만 곁에 두어라.

- 오프라 윈프리Oprah Winfrey

만날 사람을 근처에서 찾지 못한다면 더 먼 곳까지 가야 할 수도 있다. 다행히 인터넷 덕분에 집에서도 충분히 가능하다.

사라 라마넨Sara Laamanen은 과거 자신의 삶이 가장 바닥으로 떨어졌을 때 우연히 만난 행운의 그룹 덕분에 어떤 변화가 일어났는지 말해주었다. 그녀의 이야기를 들어보자.

저는 2년 전에 캐나다 온타리오에 있는 고향에서 브리티시컬럼비아 밴쿠버 섬에 있는 작은 서핑 마을로 이사했어요. 거기서 전남편과 일곱 살, 열 살, 열세 살인 세 아이를 같이 키우려고 했죠. 둘 다 새로운 곳에서 다시 시작하고 싶어 했거든요.

앞으로 어떻게 살지 분명히 정하지 못한 것은 저도 전남편도 마찬가지였어요. 그래서 그의 선택에 동의하여 애들을 1년 동안 학교에 보냈어요. 그 시간엔 남은 평생 무얼 하고 싶은지 고민하며 보냈고요. 예전에 부동산 투자와 부동산 관리 업계에 있었는데 이제 그 일은 영원히 손을 놓고 싶었어요.

그렇게 일 년이 그리고 또 일 년이 지나고 저는 여전히 그 마을에서의 생활이 불편하게 느껴졌어요. 무엇보다 그곳은 저랑 맞지 않았어요. 저는 문화 행사와 근사한 음식점에 가는 걸 좋아하고 외출할 땐 한껏 차려입거든요. 플립플롭, 반바지, 레게 머리가 표준이고⋯ 서핑 외에는 그다지 할 일이 없는 곳에서 저는 늘 눈에 띄는 존재였어요.

그뿐만이 아니었어요. 임대 주택에 앉아 제 인생을 곰곰이 들여다보는데 도무지 맘에 드는 구석이 하나도 없다는 걸 깨달았어요. 그렇게 목록을 작성해봤어요.

• **직업**: 암울함. (밴쿠버 섬에서 일시적으로 머물 거라 생각했기에 무엇에도 전념하지 않는 악순환에 빠졌어요. 제가 사는 임대 주택 관리를 돕는 소일거리만 했죠.)

2부 습관만 바꿔도 운이 좋아진다

- **재정 상태**: 스트레스 높음. (들어오는 돈보다 나가는 돈이 더 많아 예전에 모아둔 돈으로 살고 있었어요.)

- **연애**: 불만족함. (저는 별 성과 없이 데이트를 하고 있었어요. 그곳으로 이사하기 얼마 전에 누군가와 순식간에 열정적인 사랑에 빠지곤 했지만 그 관계는 잘 풀리지 않았고 저는 여전히 실연의 상처에 시달려야 했죠.)

- **친구**: 거의 없음. (항상 제게 힘이 되었던 사람들은 너무 멀리 떨어져 있었어요. 그곳에서 괜찮은 몇 명의 친구들을 새로 사귀었지만 제 불행을 털어놓을 만큼 가깝지 못했어요.)

- **건강**: 최악임. (저한테 자가 면역 질환이 있었는데 나중에 알고 보니 그건 스트레스와 자기애 부족과 관련이 있었어요.)

- **친정 식구와의 관계**: 엉망진창임. (저는 성인이 된 후 대부분의 세월 동안 어머니와 소원하게 지냈어요. 저와 아주 가까웠던 아버지는 제가 온타리오를 떠나기 전 돌아가셨고요. 아버지의 마지막 소원을 어떻게 들어줄지를 두고 형제들과 싸웠어요. 아버지가 남긴 사업을 어떻게 운영할지, 재산 분배는 어떻게 할지 뭐 그런 일

들 때문에요. 그래서 상당한 스트레스를 받았어요.)

- **이전 시댁과의 관계**: 단절함. (결혼했을 때는 시댁 식구들의 도움을 많이 받았는데 이혼하자 관계가 끝나버렸어요.)

- **전남편과의 관계**: 좋지 않음. (우린 모든 것에 티격태격 했어요. 밴쿠버 섬으로 이사한 지 1년 후 애들을 데리고 거길 떠나려고 했는데 전남편이 애들을 거기에 두려고 조율에 나섰고 결국 그의 뜻대로 됐어요. 이후 저는 함 정에 빠진 느낌이었고 그에게 화가 났어요.)

- **아이들과의 관계**: 좋음. (이건 제 삶에서 유일하게 정상적인 부분이었어요. 물론 뒤돌아보면 제 불행이 애들 과의 관계에 걸림돌이 되긴 했지만요.)

저는 목록을 완성하고 땅이 꺼져라 한숨을 쉬었어요. 1에서 10까지의 점수 중 나 자신에게 '1'을, 기분이 좋은 날엔 '2'를 주었어요. 가장 절망스러운 건 빠져나갈 길이 보이지 않고 저를 지지해줄 사람이 없다는 거였어요. 이어진 몇 주 동안 제가 있는 곳에서 앞으로 나아가질 못 했죠.

그러던 어느 날, 받은 편지함을 훑어보다가 한 유명한 여성 변화 전문가에게서 온 이메일을 열어보았어요. 그녀는 여성 회원 8명만 선발해 1년 동안 개인 멘토링을 지원해주는 '기적의 365일'이라는 프로그램을 제안했어요. 제게 딱 필요하다는 생각이 들었죠. 도움이 필요할 때 찾을 수 있는 내 인생의 멘토가 생긴다는 것은 물론 '각자 꿈꾸는 인생을 살도록' 서로 지지해줄 7명의 다른 여성들과 함께한다니, '그래, 이거야!'라는 생각이 절로 들더군요.

상당한 돈을 투자해야 하는 일이었지만 전혀 망설이지 않았어요. 이걸 안 했을 때 앞으로 내가 어떻게 될지 생각만 해도 끔찍했으니까요. 신청서를 작성해 인터뷰를 했고 정말 기쁘게도 그 과정에 합격했어요.

줌Zoom을 통해 모두를 처음 만난 순간 저의 결정이 옳았다는 걸 확신했어요. 제 멘토와 다른 7명의 여성들은 다들 멋졌거든요. 강인하고, 아름답고, 친절했고, 성장을 위해 노력하고, 서로의 발전을 기꺼이 도와주려 했죠.

우리는 각자 자신을 위한 계획을 시작했어요. 제 계획은 아이들과 함께 살 곳, 적절한 직업, 적절한 동반자를 찾고 저 자신과 적절한 관계를 맺는 거였어요. 우리는 자주 연락하며 서로 간의 변화도 적극 체크했어요. 팀원끼리 매주 한 번 통화를 했고 각자의 멘토, 또 다른 멘토인 공동 리더와도 매달 한 번씩 통화를 했어요.

당시 저는 멘토들의 조언과 멤버들의 격려에 힘입어 곧장 다른 집을 구하기 시작했어요. 그러던 어느 날 저는 아들과 밴쿠버 섬에서 약 400마일 떨어진 내륙인 브리티시컬럼비아 켈로나를 돌아보며 주말을 보내기로 했는데, 도착한 지 몇 시간도 채 되지 않아 그 마을에 반해버렸고 이사 가기로 마음을 먹었어요.

애들은 저와 가고 싶어 했지만 전남편은 안 된다고 했어요. 저는 애들한테 이렇게 말했죠.

"잘 들어, 엄마는 켈로나에서 자리를 잡아서 너희가 와서 살고 아빠도 들를 수 있도록 좋은 곳으로 만들어 놓을게. 우린 최대한 자주 보게 될 거야."

애들을 떠나서 가슴이 미어졌지만 다른 대안이 없었어요. 그 이사가 제겐 꼭 필요했고 만일 그러지 않는다면 아무것도 나아지지 못한다는 걸 알았거든요.

그 과정을 시작한 지 몇 주가 지난 10월 말에 저는 짐을 차에 싣고 켈로나로 향했어요. 거기서 임대 주택에 들어

2부 습관만 바꿔도 운이 좋아진다

가 브리티시컬럼비아의 공인중개사 자격증을 따기 위해 공부했어요.

제 멤버들의 지지가 없었다면 그러한 도약을 결코 할 수 없었을 거라고 장담해요. 제 안에만 갇혀 있을 때는 '아, 내 인생은 망했어'라는 생각만 가득했거든요.

하지만 저의 비전을 잘 아는, 서로를 '기적의 자매들'이라 부르는 그녀들에게 제 생각을 내뱉자 제 선택에 대한 확신이 훨씬 강해졌어요.

특히 제 책임 리더인 헤더와는 유대감이 생겼어요. 거의 매일 문자를 보내거나 전화 통화를 했다 보니, 자주 서로의 이야기에 귀 기울여주고 피드백을 해주었죠. 저는 헤더가 자신에게 솔직하지 못하다는 느낌이 들 때면 헤더에게 질문을 했어요. 헤더 역시 제게 그렇게 해주었고요. 우린 그렇게 하면서 자기 자신과 서로의 진심을 마주했어요.

그 외에도 자기계발 전문가들을 초대해 일대일 상담도 받았어요. 저는 과제로 자기계발 관련 책을 읽고, 영상을 보고, 인터넷 세미나를 들으며 끊임없이 성장하려는 그들의 마인드와 자세를 배우려고 노력했어요.

아이들과는 한 달에 한 번씩 만났어요. 아이들이 올 때도 있었고 제가 갈 때도 있었죠. 고통스럽게도 아이들과 떨어져 있었지만 제 삶은 극적으로 향상되고 있었어요.

그 후 2년이란 시간이 쏜살처럼 지나갔어요. 예전에 작성한 목록은 이제 이렇게 변했답니다.

- **직업**: 아주 만족함. (지금 저는 최면 치료사와 변화 전문 상담사로 일하고 있어요. 부동산 일을 1년 하다가 마음의 진정한 열정을 따르기로 결심했어요. 다른 사람들의 난관 극복에 도움을 주기로 한 거죠. 저는 신속한 변화 치료법RTT을 교육 받았고 현재 하는 일은 그동안 했던 일 중 가장 만족스러워요.)
- **재정 상태**: 점점 좋아짐. (아직 고객을 확보해가는 중이지만 재정 상태는 꾸준히 좋아지고 있어요. 좋아하는 직업에서 잘되기 위한 초기 단계에 있는 건 만족스럽지 못한 직장에서 일하며 경제적으로 스트레스를 받는 것과는 차원이 완전히 다르더라고요.)
- **연애**: 대만족. (그동안 만난 그 누구보다 괜찮은 사람과 함께하고 있어요. 켈로나로 이사 온 지 얼마 되지

않아 제가 일하던 부동산 업소에서 한 남자를 만났어요. 제 삶과 사랑에 빠졌더니 별 노력을 하지 않았는데도 사랑이 기적처럼 찾아온 것 같았어요.)

- **친구**: 많음. (이제 외롭다고 느끼지 않아요. 인맥이 폭넓어졌어요. 새 남자친구 때문이기도 하고요. 하지만 더 큰 이유는 제가 지금 행복하고 열린 마음이기 때문이에요. 제 직업이 사람들을 제게 끌어당기는 느낌이에요.)

- **건강**: 더할 나위 없이 좋음. (스트레스 수치가 크게 떨어지면서 건강이 곧바로 좋아지기 시작했어요. 더욱이 멘토링 과정을 통해 자신을 제한하는 신념을 없애는 기술을 배웠는데 이것이 상당한 힐링 효과가 있었어요.)

- **친정 식구 및 이전 시댁과의 관계**: 훨씬 좋아짐. (이전 시댁 식구들과의 관계를 회복하기 위해 주기적으로 방문해 대화를 나눠요. 친정 식구들과는 이전보다 더 평화롭게 서로 존중하면서 관계를 개선하려고 노력하고 있어요.)

- **전남편과의 관계**: 아주 좋음. (공동 양육을 아주 잘 해내고 있어요.)

- **아이들과의 관계**: 최고로 좋음. (아이들은 제가 사는 곳

에 와서 잘 지내고 있어요. 8개월 동안 한 달에 한 번 씩 엄마를 만나던 아이들은 아빠한테 한 학년이 끝나는 6월에 켈로나로 이사 가고 싶다고 말했어요. 전남편은 "나는 안 간다"고 했죠. 아이들은 아빠는 안 가도 괜찮지만 자신들이 이사를 가고 싶은 모든 이유를 말했나 봐요. 전남편은 두어 달 동안 고민한 끝에 마침내 아이들을 보내는 데 동의했어요. 이렇게 애들 아빠가 마음을 바꾼 게 가장 큰 기적이었어요. 멘토링 그룹의 도움을 받아 저는 결심했어요. 그에 대한 관점을 바꾸고 그에 대해 오직 긍정적인 생각과 말을 하기로요! 그 프로그램에 참여하지 않았더라면 이러한 변화가 절대 일어나지 않았을 거예요.)

1에서 10까지의 점수 중 오늘 저는 '9'를 주었고, 종종 '14'를 주기도 해요. 제가 요즘 가장 자주하는 말이 "난 내 인생을 사랑해!"입니다.

멘토링 그룹은 제 인생의 적절한 때에 완벽한 역할을 해주었어요. 저에 대한 확신과 믿음을 다시 갖도록 도와주어 지금 이 자리에 있게 해주었죠. 뿐만 아니라 긍정적인

2부 습관만 바꿔도 운이 좋아진다

집중의 힘을 가르쳐주었어요. 이 힘은 다른 사람들의 참
여로 더욱 커질 수 있었어요.

현재 여기 켈로나에서 주기적으로 만나는 여성들 모임
이 있어요. 그렇게 끈끈한 '자매결연'을 맺었던 해를 보
낸 이후 서로의 지지자가 되어주는 여성들 모임에 이끌
렸어요. 제가 하는 일을 알고 싶어 하고 자기 나름의 방
식으로 저를 도와주며 저 역시 그런 도움을 주는 관계
말이죠. 우리는 서로에게 손을 뻗으면 힘을 얻는다는 걸
잘 알고 있답니다.

우리 두 저자는 올바른 유대 관계 속에 인생을 변화
시키는 힘이 있다고 확신한다. 실제로 지난 30년 동안 캐
럴은 격주마다 여성 모임에 참석했다. 서로의 성공과 계
획을 공유하고, 변화와 성장을 지지해주고, 힘든 시기를
이겨낼 수 있도록 격려해주는 모임이다.

세월이 흐르면서 팀원들이 서로 다른 지역으로 뿔뿔
이 흩어지는 바람에 전화 통화로 모임이 이뤄지고 있다.
시간대를 조율하는 것은 복잡하지만 할 만한 일이다. 캐
럴은 이 약속을 좀처럼 놓치지 않는다고 한다.

나 역시 행운의 그룹에게서 도움을 받은 적이 있다. 멘토링 일을 처음 시작했을 때 나는 심리학자 두 명과 주기적으로 모였다. 우리 세 사람이 서로의 생각에 반론을 제시하기도 하고, 힘들고 현실적인 고민도 공유하는 모임이었다.

사실 이 모임에서 박사 학위 과정을 공부할 때보다 더 많은 것을 배웠다. 그때 나는 매순간 코칭을 잘 받아들이는 사람이 된다면, 이 세상 자체가 나의 코치가 될 수 있다는 걸 깨달았다. 뿐만 아니라 내가 직접 행운의 그룹을 키운 지 여러 해가 지난 지금, 이 긍정적인 인생관은 전 세계 수백 명의 사람들에게 축복을 받고 있다.

누가 당신의 불꽃을 타오르게 하는가

어울릴 사람들을 현명하게 선택하라는 말은 새로운 조언이 아니다. 13세기의 페르시아 시인이자 수피파 신비주의자였던 루미는 이런 말을 남겼다.

'당신의 삶에 불을 지펴라. 그리고 그 불길을 타오르

게 하는 사람들을 찾아라.'

우리는 루미의 말에 대해 배우 겸 가수인 윌 스미스가 했던 명연설로 이 장을 마무리하려고 한다.

> 루미가 한 말을 필라델피아식으로 번역하면 이렇습니다. 나를 빛나게 하는 데 도움이 안 되는 사람들과 어울리지 말라는 것이죠. 어떤 사람과 시간을 보내기 위한 전제조건은 나에게 발전의 자양분과 영감을 주는 사람이어야 한다는 것입니다.
>
> 저는 살면서 주변을 둘러봤을 때 저를 믿고 지지해주는 사람을 발견하지 못하는 때가 거의 없었어요. 항상 제 곁에는 제 열정에 불을 지펴주는 사람이 있었죠.
>
> 가장 최근에 받은 문자메시지 다섯 개를 살펴보세요. 그걸 보낸 사람들은 여러분의 불꽃을 지펴주나요, 아니면 꺼버리나요? (…) 여러분이 시간을 함께 보내는 사람이 여러분의 꿈을 만들기도 하고 무너뜨리기도 합니다. 모든 사람이 여러분 주위에 있을 만한 가치가 있는 건 아니에요. 자신의 인생을 걸고 자신의 빛을 지켜야 합니다.

일곱 번째 비밀

행운이 찾아오는 시간과 장소에
미리 가 있어라

크게 성공하려면 두 가지가 필요하다.
하나는, 적절한 시간과 장소에 있는 것이고
다른 하나는 그러기 위해 무엇인가를 하고 있는 것이다.

레이 크록Ray Kroc, 맥도날드 창립자

사람들에게 운이 좋다는 것이 무엇을 의미하는지 물어보면 종종 "마침 적절한 때에, 마침 적절한 장소에 있는 것"이라고 대답한다. 적시 적소가 행운을 만들어내는 중요한 요소라는 데는 동의하지만, 과연 어떻게 가능하단 말인가.

　적절한 순간에, 완벽한 장소에 존재하는 것은 우리가 절대 통제할 수 없는 일처럼 느껴진다. 인간의 두뇌로는 발생할 수 있는 모든 변수를 계산하는 일이 불가능하기 때문이다.

　그렇지만 적시 적소의 능력을 극적으로 키울 수 있는 방법은 있다. '자기중심'을 확고하게 붙잡는 것이다. 언제 올지 모르는 기회에만 의존하거나 행운의 위치로 안내할 외부 방향을 찾는 대신 자기 내면의 GPS(위성위치확인시스

템 – 역주)에 주파수를 맞추어야 한다. 바로 이것이 행운을 끌어당기는 일곱 번째 비밀이다.

다소 직관적인 말처럼 들리겠지만, 사실 이 방법은 과학적인 근거에 뿌리를 두고 있다. 한 조사기관에서 실시한 결과에 따르면, 인간관계나 직업, 재정 등에 대한 결정을 할 때 운이 좋은 사람들은 가치관이나 신념, 열정처럼 자기 내면에 좀 더 주의를 기울이는 것으로 드러났다. 반면 운이 없는 사람들은 실수를 두려워해서 생각을 과도하게 많이 하거나 말만 장황하게 늘어놓으며, 자기 자신을 믿지 않고 다른 사람들의 조언에 영향을 많이 받는다는 결과가 나왔다.

자기중심을 잡고 행동하는 법을 배우는 것은 반드시 알아야 할 중요한 행운의 기술이다. 이 기술에는 자신의 마음 중심에 따라 조화롭게 몸을 움직이고, 직관에 귀를 기울이며, 가치관과 우선순위에 충실한 것이 포함된다.

자아의 속도로 움직인다는 것

우리를 적시에, 적소에 데려다주는 운송 수단은 바로 '몸'이다. 하지만 많은 사람들은 자신의 신체 내부에서 어떤 일이 일어나고 있는지 관심도 두지 않고, 오로지 주변에서 일어나는 일에만 정신이 쏠려 있다. 또는 현재가 아닌 다른 시점에 대한 생각에 사로잡혀 미래를 걱정하거나 과거를 후회하는 경우도 흔하다.

행운의 속도로 살아가려면 마음과 몸, 둘 다 '지금 이 순간'에 맞는 보폭을 찾아야 한다. 지금 이 순간보다 앞서 걷거나 뒤로 처지면 안 된다. 이러한 보폭을 가리켜 '자아의 속도essence pace'라고 부른다.

이 속도로 걸으면 항상 편안한 기분이 든다. 스트레스를 받거나 불안하지도 않으며, 시간을 더욱 즐겁게 보낼 수 있다. 또한 적절한 순간에 최적의 지점에 도달할 가능성이 더 커진다. 이와 관련된 내 경험담을 들려주겠다.

몇 년 전, 출장 중일 때 내가 탔던 비행기가 늦게 도착하는 바람에 다른 비행기로 환승할 시간이 너무 빠듯했다. 게이트가 너무 멀리 있던 터라 환승하려면 시간이 턱없이 부족했다.

앞을 가로막는 인파를 이리저리 피하며 정신없이 달려가고 있는데, 우연히 중앙 홀 거울에 비친 내 모습을 보았다. 암울한 표정, 덥수룩한 머리에 구부정한 자세… 극심한 우울증에 걸린 환자의 모습이었다.

곧바로 속도를 줄이고 천천히 걸으면서 심호흡을 몇 번 한 뒤, 마음의 중심을 잡으려고 노력했다. 조금 더 속도를 냈지만 의식적으로 자아의 속도를 지키기 위해 노력했다.

공항을 가로질러 가는 걸음을 즐기면서 게이트에 도착했을 때, 안내 카운터 앞에서 한 남자가 게이트 요원을 큰소리로 질책하고 있었다.

"이렇게 나오면 가만히 안 있을 거야! 당신 내가 누군지 알아? 험한 꼴 당하기 싫으면 당장 비행기에 태우라고!"

"죄송합니다. 도움을 드리고 싶지만 모두 탑승해서 비행기 문이 닫혔어요. 제가 할 수 있는 일은 이제 없습니다."

하지만 남자는 그 말을 아예 무시했다. 화가 잔뜩 난 남자는 몸을 홱 돌리더니 "내가 이 항공사 고소할 거야. 너희 지금 이렇게 한 걸 후회하게 될 거라고!"하고 고함을 지르며 저쪽으로 성큼성큼 걸어갔다.

나는 게이트 요원에게 씁쓸한 미소를 지어 보였다.

"일진이 사나운 날이신가 봐요?"

그 요원은 머리를 절레절레 흔들더니 한숨을 내쉬며 "말도 마세요…"라고 했다. 나는 알 것 같다는 표정으로 잠자코 있다가 말했다.

"음, 제가 방금 타고 온 비행기가 연착되는 바람에 이 비행기를 놓쳐버렸네요. 혹시 다른 방법이 있을까요?"

게이트 요원이 다음 항공편을 찾기 위해 막 키보드를 치고 있을 때였다. 갑자기 탑승교 문이 열리더니 승무원 한 명이 카운터 쪽으로 급하게 달려왔다. 나는 두 사람이 속삭이며 나누는 대화를 엿들었다.

"저기, 실수가 있었어요. 1등석에 좌석 하나가 남았어요."

나는 그 요원이 중앙 홀쪽으로 사납게 걸어가는 남자 쪽을 재빨리 쳐다보는 모습을 보았다. 요원은 급하게 사라지는 그 남자와 나를 번갈아 보더니 미소를 지으며 나에게 말했다.

"선생님께서 운이 좋으시네요!"

비행기를 놓칠 것에 대한 불안을 인지하고 마음을 바

꾸어 자아의 속도로 돌아갔더니 나는 적시 적소에 자리할 수 있었다. 그것도 심지어 업그레이드된 자리로 말이다.

행운의 속도로 움직이려면 그 상황에서 자신의 내면에 동요를 일으키는 모든 것을 내려놓아야 한다. 자신이 성급하거나 스트레스와 불안을 느끼거나 현재에 집중하지 못한다는(아직 일어나지 않은 일을 걱정하거나 이미 일어난 일을 되새김질하면서) 것을 인지했다면, 하던 일을 잠시 멈추고 심호흡을 몇 번 하면서 속도를 바꾸어야 한다. 앞장에서 배웠듯 심호흡을 세 번만 하면 좀 더 자기중심이 잡히는 기분이 든다.

자신이 자아의 속도로 움직이는지 아닌지는 몸으로 직접 확인할 수 있다. 따라서 지금부터 하루를 보내는 동안 몸에서 어떤 느낌이 드는지 주기적으로 확인해보기를 바란다. 자아의 속도로, 더 나아가 행운의 속도로 움직이는 것이 습관이 될 때까지 말이다.

좋은 훈련 방법은 평소처럼 속도를 내거나 천천히 걸으면서 매 순간 자아의 속도를 찾는 시험을 해보는 것이다. 이것은 매 순간 달라질 수 있다.

비탈길을 오르거나 내려갈 수도 있고, 좀 더 속도를

내거나 줄여야겠다는 내면의 요구를 느낄 수도 있다. 자아의 속도로 움직일 때는 그 속도가 빠를 수도 늦을 수도 있지만 호흡은 항상 편안하다. 신체가 어떻게 느끼는지에 익숙해지면 이후에는 의식하지 않아도 그 속도를 따르는 일이 수월해진다. 또한, 언제 속도를 조절해야 할지도 금방 알 수 있다.

내면의 GPS를 따라가라

본인이 설명할 수 없다는 이유로 예감을 무시하거나 내면의 경보음을 잠재우지 말아야 한다. 운 좋은 사람들은 이러한 직감을 따라 행동한다.

- 마지 워렐Margie Warrell의 《용기 있는 자Brave》 중에서

내면의 GPS를 살펴보는 또 다른 중요한 기준은 '직관'이다. 직관 역시 무엇을 해야 하고, 어디로 가야 하는지 알며, 적시 적소에 있기 위해 필요한 내면의 작은 목소리다.

알베르트 아인슈타인, 조너스 소크, 워렌 버핏, 오프라 윈프리, 니콜라 테슬라, 윈스턴 처칠은 자신의 직관을 중시하고 이를 잘 활용했다.

그렇다고 이러한 재능이 몇몇 유명한 사람들에게만 국한된 것은 아니다. 많은 사람이 강력한 직관을 타고나지만 안타깝게도 대부분이 이를 무시한다.

직관을 기르는 일은 '발견'의 과정과 같다. 논리와 지성에 전적으로 의존하는 상태에서 벗어나면, 마법과 불가사의의 영역처럼 보여도 실은 훨씬 더 예측 가능한 영역에서 행동하게 된다. 우리는 모두 놀라운 감지 도구를 갖췄지만 그것이 보내는 신호에는 별로 주의를 기울이지 않는다.

가령, 칼라하리 사막의 부시맨은 뛰어난 사냥꾼으로 유명하다. 이방인이 볼 때 정확히 어디에서 사냥감을 찾아야 하는지 아는 그들의 능력은 어딘가 묘하게 느껴진다. 하지만 그들의 기술은 초자연적인 현상이라기보다 타고난 힘에 가깝다. 부시맨의 종아리 근육은 발밑의 땅에서 전해지는 매우 미세한 진동을 감지한다. 그래서 최대 9마일 떨어진 곳에 있는 물소 떼 같은 사냥감의 움직임을

2부 습관만 바꿔도 운이 좋아진다

포착한다.

전자기 스펙트럼에서 인간의 눈은 380에서 740밀리미크론 사이의 파장 범위만 볼 수 있는데, 이는 이 거대한 연속체의 약 25만분의 1에 해당된다. 제한된 인식 너머에는 라디오파, 적외선, 자외선, 감마선, X선이 존재하며, 우리가 아직 알지 못하는 파장이 훨씬 많을지도 모른다.

앞서 우리는 스스로 받아들이는 감각 정보 중에서 99.9퍼센트를 의식적으로 걸러내는 법을 배웠다. 그 모든 정보가 당장의 물리적 생존에 유용하거나 필요하지 않기 때문이다. 직관을 얻으려면 인지하는 데 있어서 익숙한 것에는 그만 의존하고, 감각적인 분별력과 내면의 인식을 좀 더 활용할 필요가 있다.

예전에 과학자들은 직관이 우뇌뿐만 아니라 본능에서도 발생된다는 사실을 발견했고, 따라서 번득이는 통찰력은 종종 이성적이지 못하다고 여겼다. 하지만 반복적인 연구결과, 우뇌는 좌뇌가 옳은 답을 알기 훨씬 전부터 그 답을 안 것으로 드러났다.

캐럴의 남편 래리는 베트남전 참전 용사다. 래리는 좌뇌의 재능이 뛰어나지만(그는 기술자, 건축가, 사업가다)

직관도 굉장히 뛰어나다. 그는 베트남에서 직관에 주의를 기울여 자신의 운명을 크게 바꾸었던 이야기를 우리에게 해주었다.

저는 1973년에 비엔호아에 있는 군 기지에서 공수 부대와 함께 헬리콥터 정비공으로 주둔했습니다.

어느 날 오후, 온종일 헬리콥터를 정비한 뒤 그날 밤 보초 근무를 서기 전에 간단히 식사를 할 요량으로 사이공으로 가는 헬리콥터 한 대를 타기로 했어요. 식사를 다 마친 후, 다시 기지로 돌아가는 헬리콥터를 타러 가려고 자리에서 일어났습니다. 그런데 갑자기 머릿속에서 이런 소리가 들려오더군요.

'자리에 앉아, 가지 마!'

깜짝 놀라 다시 앉았습니다. 하지만 제때 복귀하지 않으면 곤란에 처하기 때문에 걱정이 돼서 다시 일어났죠. 그런데 머릿속에서 이 소리가 또 들리는 겁니다.

'자리에 앉아, 가지 마!'

예전에도 직관이 번득이는 것을 느낀 적이 있었지만 이토록 크고 명료하게 들린 적은 없었습니다. 그 소리는 마치 권위가 느껴지는 명령 같았죠. 한 시간 뒤에 출발하는 다른 헬리콥터도 있었기에 저는 청량음료를 한 잔 더 주문하고 탑승 시간이 될 때까지 음식점에 앉아 있었습니다.

시간이 흐른 후 저는 자리에서 일어나 다시 내면의 소리에 귀를 쫑긋 세웠습니다. 이번에는 아무 소리도 들리지 않았기에 곧장 헬리콥터에 탑승했죠.

그런데 도착해서 본 기지는 마치 전쟁터와도 같았습니다. 착륙장에 놓여 있던 여러 대의 헬리콥터에 로켓탄 공격이 가해진 겁니다. 모두 소리 지르고 뛰어다니면서 피해 상황을 파악하고 다친 사람이 없는지 확인했어요. 내가 보초를 서던 감시 초소는 이미 사라지고 없었습니다. 내가 있던 바로 그 자리에 큰 구덩이만 파여 있었죠.

그런 폭격에서 당연히 살아남을 수 없었을 거라 생각한 동료 병사들은 내 시체를 애타게 찾고 있었습니다. 그들은 살아 있는 내 모습을 보자 너무 안도한 나머지 아무도 내가 왜 초소에 없었는지 묻지 않았죠.

저는 그 사건이 오로지 마음의 직관에 귀를 기울인 결과 발생된 엄청난 행운이라는 사실을 부정할 수가 없었어요. 그래서 지금까지도 내 예감이나 내면의 명령을 전혀 의심하지 않습니다.

예감과 직감에 주의를 기울이려면 용기와 노력이 필요하다. 여기에 더해 연습도 필요하다.

하지만 자신의 운에 대한 통제력을 키우고 싶다면(즉, 직관을 키우려면) 자아의 속도로 움직이는 법을 배울 때처럼 자신을 살펴보기 위한 의식적인 노력을 기울여야 한다. 내면의 동의나 경고, 지시가 있는지를 느껴보는 것이다. 이를 통해 내면과의 연결이 자동적으로 이루어진다.

다른 오감과 마찬가지로 자신의 육감을 손쉽게 이용하면 최상의 결정을 내리는 데 굉장한 도움이 된다. 게다가 이렇게 내린 좋은 결정은 한 치도 의심할 여지없이 행운으로 이어진다.

자신에게 진실하라

체로 물을 뜨려고 애쓴다고 상상해보자. 혹은 너덜너덜한 돛이 달린 배의 선장이 된다고 상상해보자. 물을 옮

기거나 배를 앞으로 나아가게 할 수 있을까?

전혀 성공하지 못할 것이다. 마찬가지로 '자아의 양동이'에 구멍이 난 상태에서는 아무리 더 많은 행운을 만들려고 애써도 효과가 없다.

그렇기 때문에 자신에게 진실하다는 느낌은 내면의 GPS를 확인하는 마지막 지표다. 자신에게 진실하다는 것은 과연 무슨 의미일까? 바로 자신의 내면이, 실제로 하는 말, 행동과 일치한 상태를 말한다. 행운을 극대화하려면 항상 내면의 자아가 가리키는 방향으로 움직여야 한다.

캐럴의 영적 스승은 종종 이런 말을 했다고 한다.

"스스로 옳다고 생각하는 대로 행동하세요"

이는 일상의 크고 작은 결정을 내리는 데 필요한 훌륭한 조언이다. 스스로 자신에게 옳다고 생각하는 대로 행동하는 것. 다시 말해 자신의 고유한 가치관, 열정, 우선순위를 존중하여 진정한 자아를 유지하는 일이 바로 '자신에게 진실하다'는 의미다.

심리상담가 미셸 로버츠Michele Roberts 역시 자신에게 가장 중요한 부분을 존중하는 것을 '자신에게 진실한 행동'이라고 부른다. 그녀는 자신에게 진실한 가장 기본적인 행동은 '본래의 자신이 되도록 노력하는 것'이라고 말한다. 반대로 말하면, 내가 누구이고 어떠해야 한다는 다른 사람의 생각에 맞추기 위해 더 이상 자신과 타협하지 않는 것이다.

미셸은 자신에게 진실한 행동을 하게 되면서 타인이 판단하는 눈으로 자기 자신을 바라보는 짓을 멈출 수 있었다. 그렇게 하자 특히 인간관계에서 그녀의 운이 훨씬 더 좋게 변했다. 게다가 사랑까지 쟁취하는 행운을 잡았다. 있는 그대로의 그녀를 인정하고 좋아해주는 딘의 마음을 순식간에 끌어당긴 것이다. 미셸은 말한다.

"제 자신에게 진실해지면 온 우주가 이에 응답해줘서 일이 잘 풀려요. 마치 신세계로 향하는 문을 제게 열어주는 것 같아요."

시드니 데이비스Cydney Davis는 가수이자 작사가이고 배우다. 그녀는 자신에게 진실한 행동과 직관으로 말미암아 자신의 경력에서 어떻게 놀랍고 예상치 못한 긍정적 결과를 만들었는지 잘 보여준다. 그녀의 이야기를 들어보자.

저는 항상 노래와 아이들을 사랑했어요. 그래서 대학 졸

2부 습관만 바꿔도 운이 좋아진다

업 후에도 지역 밴드에서 노래를 불렀고 대학을 다녔던 오하이오 톨레도에서 중학교 교사가 되었죠. 학생들과 함께하는 수업에선 음악과 노래를 많이 응용했기 때문에 학생들은 늘 이렇게 말했어요.

"선생님은 스타가 되실 분이에요!" "선생님 목소리는 너무 아름다워요!" "라디오에 나온 어떤 가수보다 노래를 잘하세요!" "선생님은 할리우드로 가셔야 해요!"

1982년에 저는 결국 학생들의 말들을 따르기로 했어요. 밴드를 탈퇴하고 교사도 그만둔 채 가수가 되겠다는 꿈을 좇아 로스앤젤레스로 갔죠.

L.A.에 도착해서 생활비를 벌려고 타깃(Target, 미국의 종합 유통업체 - 역주) 매장에서 매니저로 일했어요. 그러면서 오디션 참가와 인맥 만들기 등 음악계에서 중요한 게 무엇인지 알아갔어요. 특히 인맥이 넓은 누군가를 아는 것이 제 눈엔 마법의 티켓처럼 보이더군요. 하지만 안타깝게도 그런 사람을 알지 못했어요.

1983년에 보안 전문 업체에서 일하는 한 친구가 그래미상 시상식 백스테이지 패스(backstage pass, 무대 뒤쪽 제한된 영역의 출입 허가증 - 역주)를 구해다줬어요. 저는 너무 흥분했죠. 모조 다이아몬드가 달린 흰 드레스를 조심스럽게 입고 거기에 어울리는 흰색 펌프스도 신었어요.

슈라인 오디토리움Shrine Auditorium에서 무대 입구로 들어가 안쪽으로 들어가니 정말 수많은 사람들이 있었어요. 물론 제게 신경 쓰는 사람은 아무도 없었죠. 제가 가진 출입증은 딱 무대 뒤까지만 출입이 허용됐지만 저는 과감하게 안쪽으로 더 들어갔어요. 그렇게 무대까지 걸어 갔는데 저를 제지하는 사람이 없었어요. 평소 제 친구들이 저보고 재닛 잭슨을 닮았다고 했는데 아마 그게 도움이 되었던 것 같아요.

드디어 시상식이 시작되었어요. 저는 무대 옆쪽에 붙어서서 화려한 의상을 입은 진행자들이 후보자와 수상자를 발표하려고 무대로 걸어가는 모습을 지켜보았어요. 제가 누린 행운에 가슴이 벅찼어요. 리나 혼, 카운트 베이시, 퀸시 존스 같은 음악계 유명 인사들과 겨우 40피트 거리에 서 있었죠. 아무리 허황된 상상 속에서도 그들과 같은 공간에 있는 모습은 그려본 적도 없었어요.

그날은 매해 수상 후보에 올랐던 마빈 게이가 마침내 수상한 날이었어요. 한 개가 아닌 두 개의 그래미상을요!

마빈 게이가 상을 받자 청중은 우레와 같은 기립 박수를 보냈어요. 그런데 그가 무대를 내려와 제가 서 있는 쪽으로 바로 오는 게 아니겠어요!

순식간에 사람들이 마빈 게이를 에워쌌어요. 기자들과 촬영가들이 있었을 뿐만 아니라 친구들과 가족이 그와 껴안고 악수하고 그의 등을 토닥여주더군요. 받을 자격이 충분한 상을 수상한 그를 축하해주려고 더 많은 사람들이 기다리면서 긴 줄이 형성되었어요. 늘 마빈의 열성 팬이었던 저는 재빨리 자리를 움직여 그 줄에 서서 그를 만나길 고대했어요.

줄은 천천히 움직였지만 인내심 있게 기다렸어요. 제 앞에 두 명만 남았을 때 아홉 살쯤 돼 보이는 한 여자애가 갑자기 제게 오더니 이렇게 말하는 거예요.

"안녕하세요! 신발이 너무 마음에 들어요! 제가 한번 신어봐도 될까요?"

잠시 고민했어요. 제가 아이들을 좋아하긴 하지만 마빈을 정말 만나고 싶었거든요. 마빈에게 제 명함을 주고 항상 그의 백보컬이 되고 싶었다고 말할 생각이었어요. 그건 제 인생에 한 번 찾아올까 말까 한 귀한 기회였죠.

하지만 그 아이의 기대에 찬 눈빛을 보니 거절할 수가 없었어요. 아이를 손사래 치며 쫓아내는 건 저 답지 못했어요. 더군다나 교사 일을 그만둔 지 몇 개월이 지난 터라 학생들과 소통하는 게 정말 그리웠거든요. 결국 아이들에 대한 사랑의 마음이 이겼어요.

"난 신디인데 네 이름은 뭐니?"

저는 줄 밖으로 나가 신발 한쪽을 벗으며 말했어요.

"제 이름은 노나예요."

아이는 몸을 숙여 자신의 신발 한 짝을 벗고 제 구두를 잡으며 말했어요.

저는 아이가 하이힐을 신는 모습을 지켜보았어요. 구두가 잘 맞자 아이가 환한 표정으로 기쁨의 웃음을 짓더라고요. 그러더니 갑자기 한쪽은 낮은 신발을, 다른 한쪽은 하이힐을 신은 채로 몸을 돌려 달려서 곧장 마빈 앞으로 가는 거예요. 그 아이가 마빈의 재킷에 매달려 "있잖아, 아빠! 나 좀 봐봐!"라고 말하는 모습에 제 눈썹이 치켜 올라갔어요.

마빈 게이는 아이를 보며 웃으면서 말했어요.

"그 신발 어디서 났어?"

아이는 저를 가리키더니 제가 서 있는 곳까지 아빠를 끌고 와서 말했어요.

"새로운 친구한테서요. 이름은 신디예요. 우리랑 같이 가도 돼요?"

저는 마빈 게이가 저와 악수를 하려고 손을 뻗는 모습을 어안이 벙벙한 채로 바라보았어요.

"안녕하세요, 신디 씨, 저는 마빈입니다. 뒤풀이 파티에 저희와 같이 가실래요?"

'내가 가도 된다고?' 이런 생각이 들었지만 당연히 간다고 대답했죠. 그렇게 해서 저는 마빈 게이의 지인들과 인사를 나눴어요.

그 뜻 깊은 밤에 저는 파티에 가서 마빈을 비롯하여 그의 가족과 친구들과 어울렸어요. 저는 마빈의 아이들과 사랑에 빠졌고요. 이후 몇 주 동안 그 아이들은 제게 계속 연락을 했고 그들이 머무는 앰배서더 호텔로 초대도 했어요. 저는 자진해서 아이들을 돌보았고 마빈이 음악을 만들 때 그곳을 오가는 모든 음악인을 지켜보았지요. 나중에 그들이 음악계에서 최고의 세션 연주자라는 걸 알게 되었어요. 어느 날 한 연주가가 우연히 피아노 앞에 앉았고 저는 연주에 맞추어 노래를 불렀어요. 하지만 그 방에 같이 있던 사람은 마빈의 비서 키티밖에 없었죠.

저는 노나의 부모 누구에게도 제가 예전에 가수였다는 걸 말하지 않았어요. 제가 보기엔 항상 모든 사람이 그들에게 무언가를 요구하는 것 같았거든요. 그래서 저는 그저 아이들을 돌보는 도움만을 주고 싶었어요. 마빈 부부가 제가 아이들과의 우정을 이용하여 이득을 취하려 한다고 생각하지 않기를 바랐어요.

하지만 키티와 몇몇 스태프는 제가 음악계에 진출하려고 노력한다는 걸 알았어요. 저는 심지어 마빈의 매니저 조지에게 데모테이프를 주어 마빈에게 전해달라는 부탁도 했어요. 하지만 마빈은 아무 언급도 없었어요. 그걸 듣지 않았거나 제가 노래를 잘한다는 생각을 하지 않았거나 둘 중 하나라고 생각했죠. 그걸 물어보기엔 너무 조심스러웠기에 그냥 내버려 두었어요.

그래미상 시상식이 끝난 지 몇 주가 지난 어느 날 밤, 저는 타깃에서 일을 마치고 운전해서 집에 가고 있었어요. 그런데 저도 모르게 집 쪽이 아닌 다른 방향으로 핸들을 돌리고 있더군요. 어떤 강력한 목소리가 제게 방향을 지시했어요. 무슨 일이 일어나고 있는지 이해할 순 없었지만 그 목소리를 믿고 귀를 기울였어요. 월셔 대로에 들어서자 앰배서더 호텔이 한 블록 남았다는 걸 알아차렸어요. 도대체 무슨 상황이었을까요? 내면의 목소리는 분명했어요.

'마빈의 사무실로 가.'

주차를 하고 생각했어요.

'내가 지금 무얼 하고 있는 거지? 사무실 사람들한테 가려는 게 아닌데! 도착하면 무슨 말을 하지?'

저는 아이들과 헤어진 후 며칠 동안 그랬듯 안부를 물어보기로 했고 그곳에 아이들이 없다면 그냥 나와야겠다고 다짐했어요.

문 안으로 들어가 마빈의 비서에게 인사를 했어요.

"안녕하세요, 키티 씨. 애들 여기에 있나요?"

키티는 "아뇨, 여기 없는데요"라고 하더군요.

저는 어깨를 으쓱이며 미소를 지었어요. "아, 그럼, 다음에…" 하고 말하면서 몸을 돌렸어요.

그러자 키티가 고개를 곤추세우며 "오디션 보러 오신 줄 알았어요"라고 하더군요.

"오, 오디션이오?" 제가 말을 더듬었어요.

"네, 마빈을 만나고 갔던 음악가들 다 보셨잖아요? 그분들 모두 마빈의 다음 투어에 합류하려고 오디션을 봤어요. 그리고 오늘 밤에 백보컬을 뽑는 마지막 오디션이 있어요!"

그때 마빈이 어떤 방에서 나왔고 키티가 그를 부르더군요. 마빈은 제게 환한 미소를 지으며 "아, 신디 씨! 잘 지내요?"라고 물었어요.

제가 대답을 하기도 전에 키티가 "신디 씨는 오디션 보러 오셨어요"라고 하는 거예요.

마빈은 두 눈을 휘둥그레 뜨며 "노래 할 줄 알아요?"라고 했어요. 조지에게 제 데모테이프를 마빈에게 전해달라고 했건만 전달이 안 됐었던 거죠.

"네 그럼요." 제가 대답했어요.

마빈은 "잠깐만요"라고 하더니 키티의 책상에 있는 전화기를 집어 들어 번호를 누르고 상대방과 연결되길 기다렸어요. 그러더니 저를 똑바로 쳐다보면서 전화기에 대고 말했어요.

"하비, 마빈이에요. 지금 젊은 여성 한 명 보낼게요. 이름은 신디고요. 오디션 좀 봐줘요. 노래가 괜찮다면….”

마빈은 제게 윙크를 하며 말을 이었어요.

“다른 가수들이랑 조화를 이룰 수 있다면, 음색이 좋다면 신디 씨를 선택해줘요! 좋은 사람이에요.”

그렇게 저는 오디션을 보러 갔고, 진심을 다해 노래를 부른 결과, 오디션에 통과했어요. 여러 도시를 다니면서 마빈과 함께 노래를 부르며 꿈이 실현되었고 그것을 시작으로 음악, 연기, 작곡 등에서 30년 이상의 경력을 쌓을 수 있었어요. 그와 함께했던 시간은 마빈이 세상을 떠난 후에 저에게 더 많은 문을 열어주었어요. 몇 분만 예로 든다면 레이 찰스, 배리 화이트, 조 코커, 도나 서머, 스티비 원더, 마릴린 매쿠, 빌리 데이비스 주니어와 노래를 불렀어요. 다이애나 로스에게 곡을 만들어주어 백보컬을 하기도 했고요. 현재 저는 여전히 현업 뮤지션이고 강연을 하고 L.A.에서 연극 공연도 하고 있어요.

저는 오늘의 저를 있게 해준 삶의 묘한 반전과 완벽한 타이밍에 종종 놀라곤 해요. 아이들과 노래에 대한 진정한 사랑, 그리고 저 자신에 대한 신뢰가 승리의 한 수였어요.

이처럼 변화의 마력은 신체의 자연스러운 속도를 받아들이고, 내면의 목소리에 귀 기울이며, 마음 깊이 자리한 자아의 설득에 충실할 때 일어난다. 적시에, 적소에 있으려고 애를 쓰는 대신 내면의 GPS를 신뢰하라. 그러면 결국 당신은 자신도 모르는 사이에 행운의 지점에 놓이게 될 것이다.

여덟 번째 비밀

오늘 내게 온 작은 행운에
감사하다고 말하라

감사는 충만한 인생을 열어준다.
감사하면 현재 가진 것이 충분하게 느껴진다.
한 끼 식사가 진수성찬으로,
평범한 집이 화목한 가정으로,
낯선 이가 친구로 바뀐다.

멜로디 비티Melody Beattie, 작가

만일 행운을 끌어당기는 여러 가지 비밀 중에 단 하나
를 선택해야 한다면, 당신은 앞으로 살펴볼 이 여덟 번째
비밀을 택해야 한다. 이것을 깨우치면 지금까지 배운 일
곱 가지 비밀을 모두 통달한 것이나 다름없기 때문이다.

　행운의 마지막 비밀은 바로 '감사'다. 물론 여기서 말
하는 감사는 맹목적인 긍정이나 경험의 지나친 포장, 감
정 억누르기를 말하는 것이 아니라는 점을 명심하길 바
란다. 자칫 혼동하기 쉬운데 이러한 행동들은 감사가 아
니라 흔히 '정신적 우회spiritual bypass'로 불리는 영역에 속
한다.

　이번 장에서는 어떠한 상황에서도 심리적, 신체적으
로 자기중심을 잃지 않은 채 진정으로 감사할 줄 아는 방
법을 다룰 것이다. 또한 감사와 음미, 이 두 가지가 행운

의 '그릇'을 키우는 원리에 어떻게 작용하는지도 자세히 알아보겠다.

감사에 대해 알아야 할 것

운이 좋다는 느낌과 감사하다는 느낌은 긴밀하게 연결되어 있다. 이 두 가지 관계를 이해하기 위해 운이 좋다고 느꼈던 때를 잠시 떠올려보자.

아마도 당신은 크게 기뻐하며 온 우주와 신으로부터 축복받는 느낌을 받았을 테고, 예상치 못한 행운을 누린 것에 대단히 감사한 마음이 들었을 것이다.

마치 인형 안에 또 인형이 들어 있는 마트료시카처럼, 운이 좋다는 느낌에는 다양한 측면이 포개어져 있지만 각각의 측면을 걷어내다 보면 그 중심에 감사가 있다는 점을 발견하게 된다.

우리는 걱정이나 두려움에 빠졌다가 절묘한 안도감을 느낄 때도 감사와 행운의 느낌을 경험할 수 있다. 검진 결과 음성이 나오거나, 잃어버렸던 소중한 물건을 찾거나, 접촉 사고가 났는데 알고 보니 아무런 피해도 발생하지 않았을 때처럼 말이다.

성공을 거두어 흥분했을 때에도 감사와 행운의 느낌을 경험한다. 회사에서 승진하거나, 추첨에서 내 번호가 뽑히거나, 매우 만족스러운 거래를 성사시킬 때처럼 말이다. 이 모든 상황에서 가장 중심이 되는 경험은 '감사함'이다.

사실 '나는 운이 좋다'라는 느낌과 '나는 운이 없다'라는 느낌은 마치 동전의 양면과도 같다. 우리는 자신이 원하고(건강, 경제적 안정, 나를 사랑하는 친구와 가족) 실제로 자신에게 있는 것과, 원하지 않고(나쁜 날씨, 차 고장, 아픈 무릎) 자신에게 없는 것에 초점을 맞추면 감사를 느낀다.

하지만 이와 반대로 원하는데 자신에게 없는 것(배우자, 만족스러운 경력, 집에서 빈둥거리거나 휴가 갈 시간)과 원하지 않는데 자신에게 있는 것(노화된 몸, 수없이 날아오는 청구서, 까다로운 상사)에 초점을 맞추면 스스로 불운하다고 느끼고 불평한다. 인생이 마치 피냐타(Piñata, 장난감이나 과자를 넣어 천장에 매단 종이 인형으로, 행사 때 아이들이 내용물이 쏟아질 때까지 막대기로 때린다 – 역주)처럼 느껴지는 것이다.

따라서 '나는 운이 없어', '내 인생은 왜 이 모양일까' 하는 피해의식이 든다면, 이에 대한 해결책은, 자신이 불운하다고 느껴질 때마다 '감사'에 초점을 맞춰 마음의 방향을 돌리는 것이다.

캐럴은 이 책을 쓰는 동안 한 친구와 서로 상반된 지점에 있는 '감사와 피해의식의 관계'에 대해 대화를 나누었다. 사생활 보호 요청을 받아들여 그녀를 에이미라고 부를 것이다. 에이미는 이와 관련한 자신의 경험에 대해 인상 깊은 이야기를 해주었다.

> 1985년 6월이었어요. 저는 워싱턴 D.C.에 있는 작은 임대 아파트 거실에 앉아 어둠 속에서 울고 있었어요. 당시 저는 제 인생을 인정하지 못했어요. 끔찍한 하루였고 끔찍한 한 달, 끔찍한 1년이었어요.
>
> 저는 알제에서 자랐고 부유한 유럽인 부모의 응석받이 딸이었어요. 벽으로 둘러싸인 저택에서 하인들이 청소와 요리를 했기 때문에 저는 책을 읽거나, 공부하거나, 혹은 쇼핑만 했어요. 제게 안 된다고 말하는 사람은 아무도 없

었죠.

제가 열여덟 살 때 가족이 이스라엘로 이사했어요. 1년 쯤 지났을 무렵 저는 데이비드라는 남자와 깊이 사랑에 빠졌어요. 저보다 나이가 좀 많고 숨이 막힐 만큼 잘생긴 데이비드는 재능 있는 목수였어요. 얼마 지나지 않아 우린 결혼하려 했어요. 관례대로 그는 제 아버지께 허락을 구하러 갔어요.

둘은 아버지의 서재에서 이야기했어요. 데이비드가 찾아온 이유를 설명하자 아버지는 "자네 정말 내 딸 같은 여자랑 결혼하고 싶나?"라고 물었어요.

데이비드의 놀란 표정을 본 아버지는 여유롭게 손을 내 젓더니 이어서 말했어요.

"오해하지 말게. 에이미는 세상 그 누구보다 사랑스럽고 눈에 넣어도 안 아픈 딸이지만 아내에 적합한 여자는 아닐세. 자네 돈을 다 써버릴 수도 있고 계란 하나도 못 부친다네."

데이비드는 미소를 지으면서 그런 건 문제가 되지 않는다고 했어요. 본인이 요리를 할 줄 알고 저를 열심히 보살펴주겠다고 했어요.

"제가 지금처럼 특권을 누리는 삶을 선사해줄 순 없지만 전 따님을 사랑하고 따님 역시 저를 사랑합니다."

아버지는 데이비드의 진실성과 결단력과 저에 대한 사랑을 알아보고 마침내 허락하셨어요. 데이비드가 아버지의 허락을 받았다고 말했을 때 저는 뛸 듯이 기뻤어요. 그런데 데이비드의 얼굴이 점점 심각해지는 거예요. 그는 저를 의자에 앉히더니 약속을 해달라고 했어요. 어떤 일이 있어도 친정아버지한테 손을 벌리지 않겠다는 약속을요. 저는 물론 그러겠다고 했어요. 그 말이 몇 년 후 어떤 영향을 끼칠지 상상도 하지 못한 채 말이죠.

우린 결혼했고 얼마 후 딸 재클린도 낳았어요. 세 가족은 아주 행복했어요. 시간이 지나면서 저는 요리도 배웠고요! 재클린이 세 살이었을 때 남편의 가장 친한 친구가 미국에 와서 자신의 맞춤 가구 사업 동업자가 되어 달라고 부탁했어요. 남편이 가구를 제작하고 그 친구가 재정 부문과 마케팅을 담당한다고 하더군요. 너무 좋은 기회여서 우리 부부는 기꺼이 승낙했어요.

우리 가족은 워싱턴 D.C.로 가서 시외에 예쁜 집을 얻었어요. 사업은 번창했고 새로운 동네는 우리 마음에 쏙 들었어요. 2년 후 저는 둘째를 임신했어요. 인생이 술술 풀리는 시기였죠!

그러다 불행이 들이닥쳤어요. 친구이자 동업자였던 그가 회사 돈을 모조리 가지고 미국을 떠난 거예요. 그의 배신은 엄청난 충격이었죠. 더 심각한 건 우리에게 담보 대출, 가구 작업장 임대료, 자재 구입으로 발생한 상당한 부채밖에 남지 않았다는 거였어요. 저는 부모님께 도움을 청할 수밖에 없다고 남편을 설득했지만 남편은 요지부동이었어요. 남편은 우리가 방법을 찾을 수 있을 거라고 말했고 거기서 대화가 끝났어요.

그전에 저는 경제적 문제를 경험한 적이 없었어요. 자랄 땐 돈이 풍족했고 결혼 생활에서도 우리 부부는 항상 경제적 부분에 책임을 다했어요. 둘 다 열심히 일하는 것이 중요하다고 믿었고 불필요한 빚을 지지 않았어요. 하지만 얼마 후 파산 신청이 우리의 유일한 대안이 되었어요. 수치스러웠지만 어쨌든 남편은 아무에게도 말하지 말고 우리가 해야 할 일만 하면 된다는 입장에 변함이 없었어요. 은행에서 집을 압류했고 우리는 작업장도 양도했어요. 계좌에 남아있던 돈으로 깨끗하지만 비좁은 아파트에 세를 얻었어요. 남편은 임시직을 얻어 현실을 잘 헤쳐 나갔고 나중에는 다른 작업장을 빌려 예전에 하던 일을 다시 시작할 수 있게 되었어요.

그러던 어느 날 또 다른 문제가 발생했어요. 이사한 지 오래 지나지 않아 저와 재클린이 순환도로를 타고 집에 가고 있을 때 차에서 이상한 소리가 나기 시작했어요. 도로 한쪽으로 차를 댄 순간 엔진이 탕탕 소리를 내며 멈췄어요. 차 키를 계속 돌려봤지만 별 소용이 없었죠. 착잡했던 저는 핸들에 머리를 기댄 채 눈을 감았고 울지 않으려 애썼어요.

누구나 휴대전화가 있던 시절이 아니었기에 저에겐 선택지가 두 가지 있었어요. 아이와 번잡한 고속도로의 한쪽 가장자리를 따라 수 마일을 걷거나 경찰이 와서 도와주기를 기다리는 거였죠.

저는 기다렸어요. 30분 후에 한 경찰이 우리 차 뒤에 차를 대고 운전석 창문 앞으로 왔어요. 경찰은 금방이라도 울음이 터질 듯한 제 얼굴과 임신한 배, 제 옆에 앉은 놀란 눈의 딸을 보더니 집에 데려다주겠다고 친절하게 말했어요. 차 견인과 수리는 나중에 남편에게 맡기기로 했어요.

집에 도착해 소파에 누워 바로 옆 부엌에서 노는 딸을 바라보며 심란한 고민에 빠졌어요.

'차 수리비를 어떻게 대지? 새로운 작업장 월세는 어떻게 내지? 첫 달과 마지막 달 월세랑 임대 보증금을 내는 건 지금 불가능해.'

가장 고통스러운 건 이 생각이었어요.

'어떻게 둘째를 키우지?'

이런 생각들을 잠재우려고 텔레비전 리모컨의 전원 버튼을 눌렀어요. 안 켜지더군요. 다시 눌렀지만 화면은 깜깜했어요. 소파에서 일어나 텔레비전 앞으로 느릿느릿 걸어가 전원 버튼을 눌렀죠. 그래도 반응이 없었어요.

'아, 제발 안 돼. 고칠 게 더 나오면 안 되는데.'

이런 생각을 하며 소파에 털썩 앉아 작동하지 않는 텔레비전을 물끄러미 쳐다봤어요. 그러다 자기 연민에 빠져 그만 울고 말았어요. 재클린을 놀라게 하면 안 되니까 조용히 울었죠. 모든 게 허물어지고 있었어요. 내 몫의 행운과 행복을 이미 소진했으니 이제 고통받을 차례일지도 모른다는 생각이 들었어요. 절망감이 몰려왔어요.

'또 어떤 나쁜 상황이 일어날까?'

하염없이 눈물을 흘리고 있노라니 거실이 제 암담한 마음처럼 점점 어두워졌어요. 저는 딸에게 불 좀 켜달라고 했어요. 그러자 잠시 후 부엌에서 밝은 빛이 흘러들어오면서 내면에 어떤 변화가 일어나는 것 같이 느껴졌어요. 마치 컴컴했던 마음에 빛이 켜진 느낌이랄까요.

'내가 지금 뭘 하고 있는 거지?'

저는 품 안의 인형에게 정답게 속삭이는 딸의 예쁘고 다정한 얼굴을 가만히 바라보았어요. 벽에 걸린 그림들과 액자에 넣은 사진들을, 아프리카와 이스라엘에서 사온 소중한 물건들을 보았어요. 우리 가족은 함께였어요. 모두 건강했고 살 집도 있었어요.

갑자기 댐을 뚫고 나오는 물처럼 모든 긍정적 생각이 제 마음으로 쏟아져 들어왔어요.

'난 차가 멈추기 전 차량들 속에서 빠져나올 수 있었잖아. 딸이랑 햇빛을 피해 차 안에서 기다릴 수 있었고. 경찰은 너무 친절하게도 우릴 아파트까지 데려다주었어.'

'우린 돈은 없지만 젊고 일할 수 있잖아. 곧 있으면 사랑하는 남편이 집에 오겠네. 남편은 두 팔로 나를 안아주겠

지. 우린 앞으로 어떻게 할지 고민할 거야.'

감사의 물결이 힘을 불어넣어주는 느낌을 받으면서 마침내 문득 이런 생각이 들었어요.

'그래, 나는 운이 아주 좋아!'

그 경험을 통해 마음의 방향이 바뀌고 용기가 다시 생겼어요. 새로운 자신감으로 앞으로 나갈 수 있었죠.

우린 새로운 작업장을 빌려야 했는데 그동안 있었던 여러 일들 때문에 신용 등급이 낮았어요. 남편은 앞으로의 전망을 매우 어둡게 봤어요. 하지만 저는 매일 신문을 읽었고 얼마 후 우리에게 적합해 보이는 작업장의 임대 광고를 발견했어요. 저는 임대인을 찾아가 필수로 내야 하는 첫 달과 마지막 달 월세와 보증금을 낼 만큼의 돈은 없다고 했어요. 하지만 이렇게 말했죠.

"저희 부부는 열심히 일하고 정직합니다. 지금은 첫 달 월세만 낼 수 있는 상황이지만 앞으로 계속 사장님의 세입자가 될 겁니다."

임대인은 말했어요.

"왜 그런지는 모르겠지만 믿음이 가네요. 기회를 줄게요."

사업에 필요한 장비를 구입할 때와 판매업자와 공급업

자와 계약을 할 때도 비슷하게 접근했어요. 저는 매번 솔직하지만 긍정적으로 말했고 그런 태도는 효과가 있었어요.

남편은 우리 지역에서 가장 성공적인 맞춤 가구 사업을 일구어냈어요. 몇 년 전 은퇴할 때까지 말이죠. 우리 부부는 30년 동안 친절한 임대인의 세입자였어요.

소파에 앉아 있던 그날부터 지금까지 저는 어떤 일이 발생해도 그 안에서 긍정적인 측면을 찾아요. 매일 아침 일어날 때마다, 매일 밤 자려고 누울 때마다 그렇게 하고 있어요. 사실 매 순간 그렇게 하고 있답니다. 바로 이것이 제 주변의 긍정적인 에너지와 그날 이후 제 삶에 들어온 모든 성공을 가능하게 만들어준 비결이라고 믿어요.

물론 힘겹고 고통스러운 시기에도 긍정적인 면을 바라보고 감사한 일을 생각한다는 것은 결코 쉽지만은 않다. 모든 인간이 타고나는 '부정성 편향negativity bias'과 충돌하기 때문이다.

긍정적인 생각이나 사건보다 부정적인 생각과 사건을 더 깊게 인식하는 부정성 편향은 원시 시대에서 생명

2부 습관만 바꿔도 운이 좋아진다

을 위협하는 상황을 피하는 데는 반드시 필요했겠지만, 오늘날의 세상에서는 다르다. 부정성 편향을 보일 때 우리는 잘된 일보다 잘못된 일에 계속 초점을 맞춘다.

캐럴은 이를 '큰 캔버스 천의 작은 자국' 같은 경험이라고 말한다. 커다란 캔버스 천에 작은 자국이 묻어 있다면 사람들은 넓고 깨끗한 다른 면보다 그 자국 자체에 시선을 집중할 것이다. 마찬가지로 우리는 아무리 칭찬을 열 번 들어도 딱 한 번 모욕적인 말을 듣는 순간 자신을 비하하고 삶의 질을 심하게 왜곡시킨다.

행운을 끌어당겨 행복한 인생을 살기 위해서는 무엇보다 생존 본능의 영향력에서 빠져나오는 법을 배워야 한다. 감정을 억누르라는 말이 아니다. 부정성 편향이 생길 때마다 거기에 휘말리는 자신을 알아채고, 재빨리 마음의 방향을 바꾸는 것이다.

내가 가진 것에 감사하고 운이 좋았다는 기분으로 의도적으로 초점을 바꾸는 기술을 익히면 운은 정말로 변한다. 운이 좋다는 느낌은 운이 좋은 상태보다 훨씬 중요하기 때문이다.

운이 좋다는 느낌과 운이 좋은 상태

행운이란, 자신이 운이 좋다고 믿는 그 자체야.

- 테네시 윌리엄스Tennessee Williams의 《욕망이라는 이름의 전차》 중에서

흔히 우리는 좋은 집안에서 태어났거나, 경제적으로 안정되어 있거나, 똑똑하고 유능하거나, 건강하다는 이유로 '저 사람 정말 운도 좋지'라고 생각한다.

하지만 그들에게 스스로를 운이 좋다고 느끼는지 물어보면, 대다수가 아니라고 대답할 것이다. 삶에서 한두 가지의 불만족스러운 부분에 초점을 맞추느라 자신의 특별한 능력을 의식하지 못하기 때문이다. 이처럼 행운이란, 매우 주관적이다.

1980년, 인도로 첫 여행을 간 적이 있다. 당시에 나는 배낭여행 하는 자유분방한 젊은이였지만 그곳의 모든 광경은 다소 받아들이기 버거웠다. 가난, 북적이는 인파, 거리에서 자는 사람들, 나를 에워싼 거지들, 돈을 달라고 시끄럽게 외치며 사방에서 내게 뻗는 수많은 손들. 거기에 익숙해지는 데 어느 정도 시간이 걸렸다.

어느 날 강둑에 앉아 반대편 강둑에 있는 50명 정도의 아이들을 지켜보았다. 아이들은 뒤쪽 언덕으로 돌을 운반하고 있었다. 모두 열두 살 밑의 아이들로 보였고, 일은 뙤약볕 밑에서 하기엔 힘든 일이었다. 영어를 쓰는 행인에게 무슨 일이 있느냐고 물었다. 그는 언덕 꼭대기에 사원을 짓고 있는데 토대를 놓기 위한 돌을 수집하는 일에 아이들이 고용되었다고 답했다. 아이들은 일당 1루피 (약 10센트)를 받는다고 했다.

나는 착취당하는 모습에 격분과 슬픔을 느끼며 앉아 있었다. 그러다가 약 30명 정도의 다른 아이들 무리가 강저 아래쪽에 앉아 있는 모습이 눈에 들어왔다. 그 아이들은 양 손에 턱을 괴고 침울한 표정으로 다른 아이들이 일하는 모습을 보고 있었다. 알고 보니 그 아이들은 그날 일거리를 얻지 못해서 운 좋게 돌을 나르는 아이들을 부러운 마음으로 보고 있는 거였다.

당신도 예상했겠지만 이 경험을 통해 행운에 대한 나의 관점이 극적으로 바뀌었다. 일당 1루피를 받고 일하는 아이들은 그 일을 하는 것에 감사해했고 스스로 운이 좋다고 느꼈다. 물론 나는 그 아이들이 조금도 운이 좋다고 여기지 못했지만 말이다.

이제 나는 나의 운을 새로운 관점으로 보게 되었다. 나는 돈이 궁한 상태였지만 사실 부유한 거였다. 그 아이들에게 30일 동안 일을 시킬 수 있을 만큼 충분한 돈이 내 주머니에 있었으니 말이다. 그날 이후 나는 내가 운이 좋은 사람이라고 느끼며 살고 있다.

운이 좋다는 느낌은 전적으로 자신의 통제력 안에 놓여 있다. 이제부터는 운이 좋다는 느낌을 의식적으로 키우는 두 가지 방법을 살펴보겠다.

음미와 감사의 차이

많은 사람이 영단어 'appreciation'과 'gratitude'를 구분 없이 사용한다('appreciation'은 음미라는 뜻인데 진가 인정, 감사의 뜻도 포함되어 있고 'gratitude'는 감사라는 뜻이다 - 역주). 하지만 이 두 단어가 관련이 있긴 해도 똑같은 것은 아니다. 이 두 단어의 정확한 의미에 대한 논의는 사전 편찬자와 철학자의 영역으로 남겨두자. 우리는 우리의 목적

2부 습관만 바꿔도 운이 좋아진다

에 맞게 다음과 같은 정의와 차이점을 제시한다.

- 감사gratitude는 느낌과 관련이 있다.
- 음미appreciation는 행위와 관련이 있다.

감사는 사람, 장소, 자신의 삶에서 일어난 사건, 건강, 인간관계, 소유물, 성과 등 자신에게 일어난 모든 긍정적인 측면에 고마움을 느끼는 것이다.

반면 음미는 능동적이고 좀 더 복잡한 개념이다. 음미에는 내적인 행동과 외적인 행동이 둘 다 포함된다. 좀 더 자세히 살펴보자.

내적인 음미

렘브란트 작품 앞에 서거나 수면에 비친 달빛을 볼 때 그 아름다움을 음미한다. 배우자나 친구가 번거로움을 무릅쓰고 남에게 도움이나 친절을 베푸는 모습을 볼 때 그들의 애정 어린 성품을 깊이 느낀다. 좋은 와인이나 맛 있는 음식을 맛볼 때 우리가 경험하는 풍미를 음미한다.

이러한 것들은 증가된 관심과 인식에서 나온 내적인 행동이다. 우리는 음미할 때 어떤 대상에 깊이 있게 초점을 맞추고 그것의 특성을 인식한다.

외적인 음미

음미는 이러한 내적인 과정의 외적인 표현이기도 하다. 우리는 어떤 사람이 한 일이나 그 사람 자체에 대해 고마워할 때 그 사람의 진가를 음미한다. 이때 말이나 글로 고마움을 표시하기도 하고 선물을 주기도 하며 친절한 행동이나 도움으로 답례 행위를 한다.

만일 감사하기가 쉽지 않다면 우선 사람, 장소, 물건의 진가를 음미하는 내적인 과정부터 시작해볼 것을 권한다. 음미하는 행위는 감사를 느끼기 위한 관문이기 때문이다. 이는 언제라도 연습할 수 있는 행위이기도 하다.

음미의 과정을 진지하게 하려면 경험의 신체적 측면에 주의를 기울여야 한다. 지금 주변을 둘러보면서 음미할 것이 있는지 찾아보자. 가령 하늘의 색이나 나무, 꽃이라도 상관없다. 그런 다음 그 대상을 깊이 느낄 때 몸의 감각에 주의를 기울여보자.

몸이 열리고, 더 깊이 숨을 쉬고, 색이 더 밝게 느껴지는 것처럼 확장되는 감각이 느껴지는가? 대상에 주의를 기울이고 있기 때문에 모든 감각이 더 예민해질 것이다.

자신의 호흡과 몸에서 느껴지는 감각에 주의를 기울이면 감각 기관이 더욱 예민해져 음미하는 능력이 강해진다. 이렇게 진가를 음미하는 연습을 반복하다 보면 감사하는 일들이 늘어나고, 좀 더 매력적인 사람으로 바뀔 수 있으며, 나아가 행운이 찾아오는 기회가 많아진다.

하루가 특별해지는 의외의 방법

우리네 어머니들께서 하셨던 말씀은 옳다. 감사하다고 말하고, 감사의 편지를 쓰는 것이 중요하다고 하다는 말씀 말이다.

상대의 진가를 인정한 부분에 대해 표현하면 관계가

더 돈독해지고 협력이 촉진되며 본인이 돋보이는 데도 도움이 된다. 사람들은 자신의 진가를 인정해준 사람을 기억하며, 그러한 사람에게 도움과 지지를 더 해주려고 하기 때문이다. 이 모든 것은 결국 더 많은 행운을 경험하는 일과 직결된다.

다만 주의 사항이 있다. 이것은 거래 행위가 아니라는 점이다. 상대방에 대한 인정과 칭찬에는 진심이 담겨야 한다. 사람은 실없는 말을 금방 감지하기 때문에 누군가에게 아첨을 하면 역효과가 생기기 마련이다.

상대방의 특별한 도움이나 긍정적인 면을 자연스럽게 인정하는 일은 당신에게도 기분 좋은 경험이다. 자신을 에워싼 세상에 대해 좋은 기분을 표현할 때, 마음이 열리고 스스로 더욱 빛이 난다. 사람들은 그런 당신의 친절과 너그러움에 이끌린다.

당신이 아는 사람 가운데 평소 친절하게 고마움을 표현하고 칭찬을 아끼지 않는 이를 떠올려보자. 반대로 타인을 인정하는 데 인색하고 자신에게만 몰두해 있는 이도 떠올려보자.

만약 당신이 배우자나 직원, 고용주를 선택할 때 둘

2부 습관만 바꿔도 운이 좋아진다

중 누구를 고르겠는가? 어떤 사람이 인생에서 더 운이 좋을 거라고 생각하는가? 이에 답하기는 어렵지 않다. 늘 감사해하는 마음을 지니고, 다른 사람의 진가를 인정하며, 이를 말로써 표현하는 것이야말로 행운을 만들어내는 확실한 비결이다.

이런 이유로 1부에서 언급되었던 스탠퍼드 대학 교수인 티나 실리그는 매일 일과를 마친 뒤 가만히 앉아서 하는 일이 있다고 한다. 바로 오늘 하루 자신이 만났던 사람들을 떠올리며 그 사람들에게 고마움이 담긴 메시지를 보내는 일이다. 그녀는 말했다.

"몇 분밖에 걸리지 않지만 매일 하루가 끝날 때마다 그들에게 엄청난 감사함을 느껴요. 그리고 고맙다고 말하죠. 이게 바로 제 인생의 소중한 기회와 행운을 만들어주었다고 장담합니다."

행운의 흐름을 정지시키는 권리의식

감사에는 또 다른 놀라운 장점이 있다. 감사한 마음

을 느끼면 권리의식이 생기지 않는다.

간혹 자신이 누구이고, 어디 출신이며, 어떤 희생을 치렀다는 이유로 당연히 행운을 누려야 한다고 생각하는 사람들이 있다. 하지만 행운에 대한 권리의식은 정반대로 행운을 오히려 더 멀어지게 만든다.

자연의 섭리를 살펴보자. 텃밭에 나가 씨앗에 물을 주면서 "네가 빨리 애호박을 주면 내가 물을 더 많이 주지"라고 말하며 권리의식을 드러내는 사람은 없을 것이다. 감사는 작물에 물을 주는 일과도 같다. 우선 이것이 선행되어야 행운의 수확이 뒤따라온다.

관계 전문가인 앨리슨 암스트롱Alison Armstrong은 우리에게 작은 행운이나 좋은 일이 생겼을 때 이를 당연하다고 받아들이면, 마치 월급을 받는 느낌과 같아서 감사하는 마음이 들지 않는다고 말한다. 이렇게 되면 행운의 긍정적인 선순환 즉, 감사를 느끼면 더 많은 행운이 발생하고, 그 결과 더 감사하는 마음이 생기는 순환이 차단되고 만다. 행운의 타이어에 바람이 빠지는 것이다.

이제 행운을 의식적으로 끌어들이기 위해서는 감사를 가능한 한 자주 경험해야 한다는 사실이 분명해졌다.

그렇다면 항상 감사하는 일이 가능할까? 아마 대부분이 '그럴 수 없다'라고 생각할 것이다. 하지만 여덟 번째 비밀에서 남은 부분을 기꺼이 수용한다면 얘기가 달라진다. 바로 자신의 감정을 느끼고, '근본적 감사'라고 불리는 자아 탐구의 멋진 과정을 연습한다면 말이다.

감정을 온전히 느낀다는 것

'어떤 상황에서도' 운이 좋다고, 감사하다고 느끼는 것은 분명 중요하다. 하지만 "긍정적인 면만 보자"와 "그동안 받았던 복을 떠올리자"처럼 스스로에게 감사에 대한 일반적 조언이나 강요는 오히려 역효과를 낸다.

자신의 분노나 슬픔을 직면하는 게 두려워서 일부러 감사를 느끼려고 애쓰는 것은 '정신적 우회'의 한 형태다. 정신적 우회란 부정적 감정을 피하기 위해 정신 작용을 이용하는 것을 말한다. 상처를 감추려고 웃는 얼굴을 보인다 한들, 상처는 가려질지 몰라도 치료할 수는 없다.

당신이 사랑하는 사람을 잃고 슬퍼하는데 누군가가

"그분은 지금 더 좋은 곳에 계실 거예요"라고 위로해준다면 당신의 고통은 일시적으로 완화될지도 모른다. 하지만 이러한 위안은 민트 껌을 씹었을 때 처음에 잠깐 느껴지는 기분 좋은 맛처럼, 시간이 조금 지나면 차츰 사라진다. 이는 당신의 마음이 슬퍼해야 할(혹은 두려워하거나 분노해야 할) 필요성을 떨쳐버렸지만, 감정은 여전히 몸 안에 살아 있기 때문이다. 다시 말해 마음은 여전히 슬픔과 상실감을 느끼고, 배에서 두려움을, 턱과 꽉 쥔 주먹에서 화를 느끼고 있는 상태인 것이다.

정신적 우회가 너무 심하면 정신이 신체에서 분리된다. 그러면 고통은 완화되지만 결국 충만하거나 행운이 깃드는 인생을 만들지 못한다. 따라서 자신의 모든 감정을 느끼는 것이 중요하다. 그것도 완전히 느껴야 한다. 불편한 감정을 회피하지 않고 오히려 온전히 느끼면, 자기 자신과 세상의 본질과 더 깊이 있게 연결된다. 이러한 연결이 영성의 진정한 목적이다.

감정을 고스란히 느끼라는 것이 감정 속에 허우적거리고 매몰되고 감정을 과장하라는 의미가 아니다. 이는 연속체의 한 극단에 있는 상태다.

반면, 자신의 감정을 의도적으로 피하고 억누르고 지금의 감정을 버리도록 자신을 설득하는 것은 다른 극단에 있는 상태다. 그 중앙에는 아무리 고통스럽더라도 자신의 감정에 세심한 주의를 기울이고 충실한 상태가 존재한다. 우리 두 저자는 이러한 상태가 되었을 때에만 근본적 감사를 실행하고 조용히 자기 성찰을 할 것을 제안한다.

'그럼에도 불구하고' 나는 감사할 수 있는가

근본적 감사는 선물처럼 주어진 것뿐만 아니라 자신의 분투와 도전에도 감사하는 것을 의미한다. 이는 쉽지 않은 일이긴 하지만(특히, 한창 어려운 상황을 통과하고 있을 때) 불가능한 일은 아니다. 운이 더 좋아지길 바란다면 이는 길러야 할 필수 습관이다.

근본적 감사를 실행하는 일은 간단하다. 안 좋은 일이 발생했을 때 어떤 감정이 생기든 그대로를 느낀다. 그리고 온화한 정신으로 이렇게 자문해본다.

'나는 이러한 상황에도 감사할 수 있는가?'

이는 자신의 고통이나 불편한 기분을 억누르거나 주의를 다른 데로 돌리려는 것이 아니라는 점을 기억해야 한다. 감사를 느껴야 할 의무는 없다. 그저 어떤 대답이 떠오르는지 호기심 있게 지켜보면 된다. 이러한 시간을 보내면 자신에게 벌어진 상황과 이 상황을 바라보는 자신의 관점이 어떻게 변하는지 경험하게 될 것이다.

작가이자 블로거이며 명상 교사이기도 한 데이비드 케인은 근본적 감사와 관련한 자신의 경험을 들려준다.

저는 도시에 사는데 매일 노상 주차를 합니다. 제가 사는 건물 근처에는 주차 자리가 거의 없어서 보통은 건물을 지나 모퉁이를 돌아서 블록의 긴 가장자리로 가야 하죠. 대개 내려야 할 식료품이 있는 상태로 집과 수백 야드 떨어진 곳에 주차를 해야 합니다. 그래서 저는 늘 운이라곤 지지리도 없는 제 자신과, 때론 내가 원하는 자리에 주차한 사람을 저주했습니다.

근본적 감사를 연습하기로 결심한 직후에도 이 상황은 계속 똑같았습니다. 어느 날은 평소처럼 잔뜩 실망해서 언짢은 표정으로 터벅터벅 걷고 있는데 문득 제가 배운

2부 습관만 바꿔도 운이 좋아진다

그 연습이 떠올랐습니다.

'이런데도 내가 감사할 수 있을까? 내게 일어난 일이 어쨌든 좋은 일이 될 수 있을까?'

이 생각을 하자 순식간에 관점이 완전히 달라졌습니다. 아파트까지 가는 먼 거리에 대해 한쪽에 치우친 감정을 느껴선 안 된다는 생각이 들었어요.

대체로 나는 걷는 것을 좋아했고, 몇몇 이웃집 뜰의 장식을 눈여겨보기도 했으며, 식료품이 든 봉지를 두 블록 들고 가는 일이 별로 힘들지 않아서 내심 뿌듯했습니다. 어떤 거리든 만성 통증이나 피로를 느끼지 않고 걸을 수 있으니, 그야말로 나는 운 좋은 사람이었던 거죠. 동네가 시내에 아주 가깝지만 평화롭고 안전하다는 생각도 들었습니다. 새벽 네 시에도 걱정 없이 걸을 수 있는 곳이니까요.

그러자 주차 자리가 없는 것은 매일 내게 주어진 특권이 아닐까 하는 생각이 들었습니다. 다만 내가 좀처럼 인식하지 못하기 때문에 실제로 이것을 누리지 못한 것뿐이라고요. 저는 삶을 보는 내 관점과 그 순간 상황이 펼쳐지는 방식에 다소 전율을 느끼며 집에 도착했습니다.

저는 근본적 감사를 연습하는 것이 생각을 아예 새롭게 바꾸라는 말이 아니라고 생각해요. 그건 얼토당토않은 소리에 불과하죠.

제가 생각하는 근본적인 감사란 나의 첫 감정 상태, 그러니까 맥 빠진 모습으로 분노를 합리화시키는 제 상태에 도전하는 하나의 방식이라고 봅니다. 그러면서 어떻게 하면 그 감정에서 벗어날 수 있을지 방법을 찾는 탐구 과정이기도 하고요.

충분한 연습을 통해 우리는 원치 않는 일이 발생했을 때, 스트레스를 받고 괴로워하는 반응을 최소화할 수 있다. 오히려 같은 상황에도 다르게 반응해보면서 전혀 다른 현실을 만들어낼 수도 있다. 이처럼 감사에 초점을 맞추는 능력은 행운을 의식적으로 끌어당기는 본질이다.

물론 쉽지만은 않은 일이기에 초점을 바꿔 어떤 대상의 진가를 음미하고, 자기감정을 고스란히 느끼고, 무엇에 감사할 수 있는지 생각하는 등 어떤 것을 해도 아무 효과가 없는 때가 있을지 모른다. 그러면 여전히 불행하고 운이 없다고 느끼고 '나는 원래 그런가 보다'라고 생각

2부 습관만 바꿔도 운이 좋아진다

하게 된다.

그런 상황이 되었을 때는 심호흡을 몇 번 하고 좀 더 장기적인 관점을 지녀보기를 권한다. 불운으로 보였던 것이 시간이 흐르면서 행운으로 직결되는 경우가 흔히 있다. 당신의 인생을 되돌아보라. 불행했던 일이 새로운 방향을 위한 기반이 되었던 적이 있는가? 실직을 했었지만 그 결과 자유롭게 더 나은 직업을 찾았던 경험은 없는가? 누군가와 이별하여 극심한 슬픔에 빠졌지만 그 일을 계기로 더 나은 이상형을 만나게 되진 않았는가? 당뇨, 고혈압, 높은 콜레스테롤 수치를 진단받아서 두려웠지만 오히려 건강한 습관을 들이는 계기가 되진 않았는가?

이제 우리는 이 여정의 한 바퀴를 다 돌았다. 기억을 떠올려본다면 의식적으로 끌어들이는 행운의 첫 번째 비밀은 운 좋은 사람이 되기로 다짐하는 일이다. 다짐한다는 것은 계속 시도하고 포기하지 않는 것이다.

최근 한 조사 결과에 의하면, 운이 좋은 사람과 운이 없는 사람의 결정적인 차이점은 '회복탄력성'에 있다는 사실이 밝혀졌다. 회복탄력성은 역경에 직면했을 때에도 감사하는 능력에서 어느 정도 생겨난다.

스스로 운이 없다고 생각하는 사람들은 불운에 직면하면 피해의식을 느낀다. 우리는 이것이 감사와 상반된다는 점을 알고 있다. 그들은 심한 좌절감을 느껴서 시도를 그만두어 미래의 실패를 차단하지만 이와 동시에 미래에 행운을 얻을 기회도 내던진다.

반면 스스로 운이 좋다고 생각하는 사람들의 경우 역경이 닥쳐도 운 좋은 사람이 되겠다는 다짐이 약해지지 않는다. 그들은 좋고 나쁜 모든 상황에서 행운을 찾고 거기에 감사하며 본궤도로 다시 돌아간다. 그러니 그들의 본을 따라보자. 회복탄력성이 있을 때 행동을 취하게 되고, 주변에서 발생되는 기회와 다른 사람들의 기여와 지지에 열린 마음을 보이게 된다. 이렇게 되면 운이 좋은 사람이 될 가능성이 높다.

이 마지막 비밀은 행운과 우리 사이를 이어주는 다리와도 같다. 행운이란 무작위적이고, 변덕스럽고, 불가사의하다고 믿어왔던 우리에게, 사실 행운이란 자신의 통제권 내에 있다는 점을 이해시켜주는 생각의 다리 말이다.

이제 용기를 내어 그 다리를 건너보자. 그리고 지금까지 배운 여덟 가지 비밀을 활용하여 새롭고 더 나은 인생을 만들어보자. 부와 건강, 사랑이라는 영역에서 눈부신 행운이 함께하여 빛나는 인생을 말이다. 우리 두 저자를 비롯하여 많은 이가 직접 건넜고, 해냈기에 당신에게도 이 모든 것이 가능하리라고 확신한다. 행운의 인생이, 지금 당신을 기다리고 있다.

옮긴이 **김은경**

숙명여대에서 영문학과 경영학을, 성균관대 번역 대학원에서 번역학을 전공했다.
현재 엔터스코리아에서 전문 번역가로 활동하고 있다.
주요 역서로는 《나는 오늘도 행운을 준비한다》, 《감사하면 달라지는 것들》, 《스타시커1, 2》,
《삶이 아름다운 이유》, 《그 많던 상처는 누가 다 먹었을까?》, 《이웃집 여자 백만장자》,
《더 나은 유엔을 위하여 : 반기문 사무총장 10년의 기록》 등이 있다.

운을 부르는 습관

초판 1쇄 2021년 2월 22일
    4쇄 2022년 11월 21일

지은이 | 게이 헨드릭스, 캐럴 클라인
옮긴이 | 김은경

대표이사 겸 발행인 | 박장희
제작 총괄 | 이정아
편집장 | 조한별

디자인 | 최우영, 이도영

발행처 | 중앙일보에스(주)
주소 | (04513) 서울시 중구 서소문로 100(서소문동)
등록 | 2008년 1월 25일 제2014-000178호
문의 | (02) 2031-1123
원고투고 | jbooks@joongang.co.kr
홈페이지 | jbooks.joins.com
네이버 포스트 | post.naver.com/joongangbooks
인스타그램 | @j__books

ⓒ 게이 헨드릭스, 캐럴 클라인, 2021
ISBN 978-89-278-1203-6 03190